Die Markgräfin

Aus dem Leben der preußischen Prinzessin Wilhelmine

Gesamtorganisation: Gerlinde Thalheim
Redaktion und Dokumentation: Beatrice Härig

Gestaltung: Michael Marasson, St. Augustin
Litho: MOHN Media, Gütersloh
Druck: KONKORDIA GmbH, Bühl, Das Medienunternehmen

Bildnachweis:
Bayerische Verwaltung der staatlichen Schlösser, Gärten und Seen: S. 4, 13, 46,
60, 71, 76, 86, 90, 96/97, 113, 121–129, 137–155, davon von
Klaus Frahm, Börnsen: S. 96/97, 121, 125, 137, 143, 150/151
Stiftung Preußische Schlösser und Gärten Berlin-Brandenburg: S. 10, 14/15, 16,
18/19, 20, 28, 32/33, 37, 40/41, 42, 43, 65, 82, 92, 100, 104, 114, Titel
Archiv für Kunst und Geschichte: S. 24/25, 50, 56, 66, 73, 79, 80/81, 106/107, 110
SKH Georg Friedrich Prinz von Preußen: S. 38/39
Staatliche Kunstsammlungen Dresden: S. 55
M.-L. Preiss: S. 62, 63, 130–135

Verlag: **MONUMENTE** Publikationen
der Deutschen Stiftung Denkmalschutz
Dürenstr. 8, 53173 Bonn, Fax: 02 28 / 9 57 35-28

1. Auflage 2003
1.–10. Tausend

Die Deutsche Bibliothek – CIP-Einheitsaufnahme

Müller, Friedrich Ludwig, Härig, Beatrice:

Die Markgräfin - Aus dem Leben der preußischen Prinzessin Wilhelmine
/ Friedrich Ludwig Müller, Beatrice Härig. – Bonn: Dt. Stiftung Denk-
malschutz, Monumente Publ. – 1. Aufl. 1.–10. Tsd. – (2003)
ISBN 3-936942-35-8

Friedrich Ludwig Müller

Die Markgräfin

Aus dem Leben der
preußischen Prinzessin
Wilhelmine

Mit einem Sonderteil
zur Baukunst in Bayreuth
von Beatrice Härig

monumente Publikationen der
Deutschen Stiftung Denkmalschutz

Wilhelmine,
Markgräfin von
Bayreuth,
Gemälde von
Antoine Pesne

Inhalt

*D*as Leben der Prinzessin Wilhelmine von Preußen, der späteren Markgräfin von Bayreuth, hat alles, was ein Königsdrama braucht: Den im Grunde redlichen, zugleich jedoch unberechenbaren großen König. An seiner Seite die ehrgeizige, beinharte Königin, vernarrt in einen Lebenstraum und sich verzehrend an 14 zur Welt gebrachten Kindern. Zwei dieser Königskinder, von ihrer Natur und ihren Gaben her zu jeder Hoffnung berechtigt, hätten sich in ihren frühen Jahren mehr als einmal gewünscht, lieber tot zu sein.

Dazu kommt ein bis zur Virtuosität entwickeltes Intrigenspiel der Minister, der Hofdamen und Diplomaten. Eingerahmt von wechselnder Kulisse: Das Stadtschloß in Berlin, die Schlösser, Gärten und Palais von Bayreuth bis hin schließlich zu dem kargen Jagdschloß Wusterhausen, das der König so sehr liebt und seiner Familie Albträume macht.

Die Aufzeichnungen aus dem Leben Wilhelmines, der erstgeborenen Tochter des Soldatenkönigs Friedrich Wilhelm I. und seiner Frau Sophie Dorothea aus dem Fürstenhaus Hannover, sind keine Biografie. Sie wollen von Ereignissen auf dem Lebensweg der Prinzessin erzählen, die sich zusammenfügen zu einem Mosaik höfischen Lebens im Zeitalter des Absolutismus in seiner preußischen Prägung. Sie zeigen ebenso die Wesenszüge und Wandlungen der handelnden Personen und das Gebundensein an ihre Zeit.

*N*ach zweieinhalb Jahrhunderten mag es noch immer erstaunen, daß weder Friedrich Wilhelm noch Sophie Dorothea Zeit ihres Lebens in der Lage waren, zu erkennen, welch außergewöhnliche Kinder ihnen mit Wilhelmine und ihrem um drei Jahre jüngeren Bruder Friedrich geschenkt wurden. Nahezu unfaßbar für uns Heutige, die zuweilen bis zur Brutalität ausartende Härte der Erziehung und wie die Geschwister das zu überstehen vermögen. Sie zerbrechen weder am Zorn des Vaters noch am Ehrgeiz und der Gefühlskälte der Mutter. Sie wachsen daran und vollbringen – jeder auf seine Art – Bedeutendes: Ein Preußen als europäische Großmacht der Bruder, eine Markgrafschaft Bayreuth, die – was ihre Baukunst anbelangt – europäische Maßstäbe nicht scheuen muß, die Schwester. Worüber die Kunsthistorikerin Beatrice Härig im zweiten Teil des Buches berichtet, indem sie uns durch das Bayreuth jener preußischen Prinzessin führt, von deren Handlinien im Alter von sieben Jahren ein Astrologe sagt, er habe „so Unglück bringende Linien nie zuvor gesehen".

Er sollte Recht behalten.

Bonn, im Juli 2003
Friedrich Ludwig Müller

8

Das Königs-
kind

„So Unglück
bringende Linien
sah ich nie zuvor."

(Ein Astrologe
über die Handlinien
der siebenjährigen
Wilhelmine)

Zar Peter der Große hätte es sich eine ganze Provinz kosten lassen, um eine Tochter wie sie zu haben. Der Prinz von Wales, der englische Thronfolger, wollte sie gar ohne jede Mitgift nehmen. Selbst August der Starke, Sachsens gekrönte Sinnlichkeit, fand sie derart begehrenswert, daß nur ein drohender Konflikt mit dem Sohn, mit Kaiser und Dynastie ihn davon abbrachte, sie zur Frau zu nehmen.

Allein der eigene Vater jener Prinzessin Wilhelmine, der Zweitgeborenen von 14 Kindern des preußischen Soldatenkönigs Friedrich Wilhelm I. und der ihm angetrauten Sophie Dorothea aus Hannovers Fürstenhaus, tat sich mit dieser Tochter schwer. Auf dem Höhepunkt dieses Vater-Tochter-Konfliktes – die Prinzessin war inzwischen 21 Jahre alt – wollte er sie lebenslang in ein Kloster sperren, schalt er sie eine „niederträchtige Kanaille", schlug erbarmungslos mit Fausthieben auf sie ein, bis sie zu Boden stürzte, ihre Hofdame den angeschwollenen Kopf schützend auf ihren Schoß bettete. „Kann man sich ein ergreifenderes Bild vorstellen?" wird Wilhelmine selbst später schreiben. Aber auch dies schrieb sie: „Er liebte mich leidenschaftlich."

Wilhelmine von
Preußen und
ihr Bruder, der
spätere Friedrich
der Große,
1714 gemalt von
Antoine Pesne

Geboren wurde das Königskind am 3. Juli 1709. Drei Könige, Preußens Friedrich I., Friedrich IV. von Dänemark und August II., Kurfürst von Sachsen und König von Polen, umstanden als Paten das Taufbecken, als man ihm die Namen Wilhelmine, Friederike und Sophie gab. Die Eltern der kleinen Prinzessin jedoch, damals noch Kronprinz und Kronprinzessin, zeigten bei diesem Zeremoniell kaum Glücksgefühle. Sie hatten auf einen Prinzen und Thronfolger gehofft. „Mir aber ist es bestimmt gewesen, ihnen den Freudenwein gründlich zu verwässern", so kommentiert Wilhelmine später das Ereignis und ergänzt, man habe sie „sehr ungnädig empfangen". Doch wie es oft so ist bei ungewünschten Kindern: Das „ungnädig" empfangene Prinzeßchen bringt viel Lebensfreude mit in ihre preußische Welt und zeigt sich von einer offenbar nie ermüdenden Lebhaftigkeit. So wird es nicht nur der Sonnenschein der letzten Jahre des Königs und Großvaters. Es wischt auch mit seiner Heiterkeit, dem kindlichen Übermut bald schon die enttäuschten Hoffnungen der Eltern fort. Doch dauert die Schonfrist im Kinderland für heranwachsende Prinzessinnen nur wenige Jahre.

Für Wilhelmine bricht sie jäh an an jenem Tag ab in ihrem vierten Lebensjahr, als sie am hohen Sterbebett des Großvaters kniet. Neben ihr hockt der einjährige Bruder, den man einmal den „Großen" nennen wird und den sie wie keinen anderen Menschen geliebt hat. Friedrich I. auf seinem Sterbelager vermag kaum noch die Hand auszustrecken, um seine Enkelkinder zu segnen. Das Bild des Sterbenden, sie wird es von nun an mit sich tragen. Es ist ihre erste Begegnung mit dem Tod. Es öffnet die Tür zu einer Kindheit, die mit dem Wort traurig nur unzulänglich beschrieben wäre.

Es ist ein sehr aufgewecktes Mädchen, das da am Berliner Hof heranwächst. Mit einem Jahr läuft es schon völlig mühelos, spricht wenige Monate später ganze Sätze. Wilhelmine ist noch keine sechs Jahre alt, als sie fließend schreibt und liest, die französische Sprache beherrscht und mit Geographie und Geschichte vertraut ist. Doch ist dies nicht allein ihrer zweifellos hohen Intelligenz anzurechnen. Man hat für sie die besten Lehrer engagiert. Die Lernmethoden an Königshöfen des 18. Jahrhunderts tun ein übriges. Sie schließen das Prügeln mit ein. Während sich Wilhelmines Lehrer ablösen, hat sie acht bis zehn Stunden am Tag aufzunehmen und in der Regel auswendig zu lernen, was man an Wissen für eine preußische Königstochter für nützlich hält.

Antoine Pesne, um 1711: Wilhelmine im zweiten Lebensjahr. Spitzenbesatz, Hermelinmantel, Prunkkissen und Königskrone lassen keinen Zweifel darüber aufkommen, was Wilhelmine einmal werden soll: Königin von England!

Wilhelmine ist drei Jahre alt, als eine Hofdame mit dem Namen Léti ihre Erziehung übernimmt. Mit ihr kommt zur ersten Begegnung mit dem Tod die erste Erfahrung mit dem Bösen. Deshalb wollen wir bei dieser Erzieherin ein paar Zeilen lang verweilen. Sie wird von Wilhelmine selbst als „dürr" beschrieben. Was ihr an wohlproportionierter Körperlichkeit fehlt, gleicht sie durch kluges Parlieren und durch ihre Koketterie aus. So daß sie an Liebhabern keinen Mangel hat und sie „nicht lange vergebens schmachten läßt", wie es Wilhelmine ausdrückt. Doch dürfte es kein ungetrübtes Vergnügen gewesen sein, mit der Dame eine Nacht zu verbringen. Denn sie „schnarchte wie ein Soldat".

Für den Charakter der Léti findet Wilhelmine den wohl treffenden Satz: „Ihr Geist wie ihr Herz waren italienisch, das heißt sehr lebhaft, sehr schmiegsam und sehr schwarz!" Die Hofdame mit dem schwarzen Herzen ist die Tochter eines italienischen Mönchs. Er konvertierte und verdiente sich eher schlecht als recht in Holland sein Brot mit Büchern zur Geschichte Brandenburgs und über das Leben Karls V. und Philipps II. So muß sich die Tochter schon früh als Korrekturleserin von Zeitungen verdingen. Vom überaus gebildeten Vater lernt sie, was man braucht, um Königskinder zu erziehen. So betrachtet, eine frühe Karrierefrau.

Gescheit wie sie ist, lernt sie schnell die hohe Kunst des Intrigenspiels, das am Berliner Hof nicht einmal besonders feinsinnig aufgeführt wird. Dafür ist der König, der nun – nach dem Tod Friedrichs I. – Friedrich Wilhelm I. heißt, zu rechtschaffen und ohne ein ausgeprägtes Raffinement. Einer seiner engsten Vertrauten, Friedrich Wilhelm von Grumbkow, ab 1723 amtierender Vizepräsident des königlichen Generaldirektoriums, läßt sich vom Kaiser in Wien dafür bezahlen, eine Heirat des englischen Kronprinzen mit Wilhelmine zu verhindern, ebenso wie eine gleichfalls ins Auge gefaßte Verbindung des preußischen Kronprinzen Friedrich mit der Londoner Prinzessin Amalie. Österreich will damit eine auf zwei Ehebündnisse gegründete Allianz zwischen Preußen und England unterbinden.

Was nun hat das alles mit der Erzieherin Wilhelmines zu tun? Dazu muß man folgendes wissen: Die Kindheit und die Jugendjahre der Prinzessin werden überschattet vom Plan der Mutter, ihre Wilhelmine mit dem 1707 geborenen Kurprinzen von Hannover, ihrem Neffen, zu verheiraten. Was zunächst wie eine bloße Festigung der Freundschaft zwischen den preußischen und hannoverschen Fürstenhäusern aussieht, wird zum europäischen Mächtespiel, als im Jahr 1714 Anna stirbt, die letzte Königin von England aus dem Geschlecht der Stuarts, und Wilhelmines Großvater mütterlicherseits als Georg I. den englischen Thron besteigt. Nun hätte, was den Ehrgeiz der Mutter bis zur Verbissenheit steigert, Wilhelmine an der Seite des hannoverschen Kurprinzen, der sich nun Herzog von Gloucester nennen darf, irgendwann Prinz of Wales heißen und englischer Thronfolger sein könnte, durch eine Heirat die Chance, Königin von England zu werden.

Diesen Traum der Königin wird Wilhelmine mit ihrer Kindheit und den Jahren ihrer Jugend bezahlen – mit Bitterkeit, mit Krankheiten am Rande des Todes, mit einer bis an die Schwelle des noch Erträglichen gequälten Kinderseele.

Sie wird einmal über ihre Mutter sagen: „Sie hat nie eines ihrer Kinder geliebt. Sie nahm nur insofern teil an ihnen, als sie zum Werkzeug ihrer Größe und ihres Eigennutzes dienen konnten."

Das Berliner
Schloß
um 1900

Wilhelmine ist zehn Jahre alt, als die Königin sie in ihren Plan einweiht, sie mit dem Herzog von Gloucester zu verheiraten. Daneben aber plant eine Gruppe von Höflingen – angeführt von Grumbkow, den Friedrich Wilhelm selbst für einen „großen Schurken" hält, und von Leopold I., dem Fürsten von Anhalt – eine Heirat Wilhelmines mit dem Markgrafen von Schwedt, einem Vetter des Königs.

Wie man so etwas macht am Hof Friedrich Wilhelms, das ist schon eine Schilderung wert. Da wird dem König, der in seiner gesamten Regierungszeit um nichts besorgter ist als um den Erhalt seines Staates und um die Mehrung seines Wohlstandes, zunächst einmal Angst gemacht. So wird die schwache Gesundheit des Kronprinzen Friedrich hochdramatisiert, bis Friedrich Wilhelm die

Sorge nicht mehr schlafen läßt, daß der Kronprinz die Kindertage nicht überleben könnte. Dann folgt der perfideste Teil der Angst-Offensive: Er zielt auf die Königin. Sie werde wohl kaum noch einmal einen Kronprinzen

Antoine Pesne: Sophie Dorothea, die Mutter Wilhelmines, 1737

zur Welt bringen, da sie angefangen habe, „derart beleibt zu werden", daß weiteres Mutterglück kaum noch zu erwarten sei. Daraus folgern die königlichen Berater, daß Friedrich Wilhelm allen Grund habe, „beizeiten an die Erhaltung seiner Staaten zu denken". Sie würden zerstückelt, sollte Wilhelmine eine andere Wahl treffen. Deshalb sei es eine Frage der Staatsraison, die Prinzessin an die Hand des markgräflichen königlichen Vetters zu geben.

Wilhelmine formuliert es später so: „Falls der König das Unglück haben sollte, meinen Bruder zu verlieren, sein Schwiegersohn ihm dann an Sohnes statt" als Nachfolger zur Seite stehen würde. In der Tat: Hätte Friedrich Wilhelm in seiner eigenen Familie keinen Thronfolger, so wäre der Markgraf von Schwedt preußischer Thronerbe. Alle sogenannten Allodialländer des Königs – es sind die Besitzungen Friedrich Wilhelms, die ihm als Privateigentum gehören – würden in diesem Fall Wilhelmine als preußischer Königin zufallen.

Mag die Sache auch noch so infam in Szene gesetzt worden sein, so hatten doch die gegen eine englische Heirat Wilhelmines Verschworenen zumindest den Anschein auf ihrer Seite, sich um den Fortbestand des Königshauses zu sorgen.

*W*ohl kaum aus Sorge um das Königshaus, wohl aber mit dem Kalkül, auf der Seite der Einflußreicheren am Hof von Berlin zu stehen, hatte sich die Léti der Gruppe um Grumbkow angeschlossen. Sie wird benutzt, um auszuspionieren, was die Königin unternimmt, um ihren Plan der englisch-preußischen Doppelhochzeit zu verwirklichen. Die Erzieherin zwingt die Prinzessin unter ständiger Androhung von Prügel, ihr alles zu berichten, was sie in Gesprächen mit der Königin erfährt und was sich in den Gemächern der Mutter ereignet. Die Mutter wiederum – es ist ein jämmerliches Spiel mit einer Kinderseele – lädt auf Wilhelmine alles ab, was es an Mißhelligkeiten, an Intrigen, Schurkereien, heimlichen Liebschaften, an Unmoral und Niedertracht am Königshof gibt. Alles unter dem Versprechen Wilhelmines, es als Vertrauensbeweis der Mutter für sich zu behalten und niemandem davon zu berichten.

So liest sich, was Wilhelmine selbst darüber schreibt: Kaum habe sie das Zimmer betreten, das sich die Prinzessin mit der Erzieherin teilen muß, da habe die Léti sie bestürmt mit Fragen nach den Ereignissen des Tages. „Ich saß mit ihr auf einer zwei Stufen hohen Estrade in einem Erker. Ich gab ihr die Antwort, die mir die Königin verschrieben hatte. Sie genügte ihr nicht, und sie stellte mir so viele Fragen, daß ich in Verwirrung geriet. Sie war zu schlau, um nicht zu merken, daß ich unterwiesen worden war; und um es zu erfahren, überschüttete sie mich mit Zärtlichkeiten: Aber da sie mit Güte nichts bei mir ausrichtete, geriet sie in einen gräßlichen Zorn, schlug mich auf den Arm und stieß mich die Estrade hinab. Meine Gelenkigkeit bewahrte mich vor einem Fall, und ich kam mit ein paar Beulen davon."

So glimpflich läuft das Strafgericht der Léti am nächsten Abend nicht wieder ab. Die Hofdame wirft ihr in einem neuen Anfall von Jähzorn einen schweren Leuchter an den Kopf. „Er hätte mich töten können", berichtet Wilhelmine. „Mein Gesicht war ganz blutig." Das Geschrei des Königskindes alarmiert ihre Amme. Sie entreißt Wilhelmine der tobenden „Megäre" und droht, die Königin über den Vorfall zu informieren, wenn sie fortfahren würde, die Zehnjährige zu mißhandeln. Das zeigt Wirkung. Die Léti bekommt Angst und kühlt die ganze Nacht hindurch mit Kompressen das angeschwollene Gesicht Wilhelmines. Die lügt dann am Tag darauf gegenüber der Königin, daß sie unglücklich gefallen sei.

Das Jahr 1721 – Wilhelmine ist jetzt fast zwölf Jahre alt – beschert dem Königskind die Trennung von ihrer Erzieherin. Die Gouvernante geht nach England an den Hof Georg I., des Großvaters der Prinzessin. Welch ein Spiel! Da hat die Léti über Jahre im Bündnis mit Grumbkow und dem Fürsten von Anhalt die österreichische Karte gespielt, um eine Ehe zwischen Wilhelmine und dem Herzog von Gloucester

Paul Carl Leygebe, um 1710: Tabakskollegium im Berliner Schloß

zu verhindern. Ist sie nun ins andere Lager gewechselt? Wohl kaum. Dafür haßt sie die preußische Königin viel zu sehr. Sie will deren Traum von der Tochter als Königin von England um jeden Preis zerstören. Deshalb wird sie nun am Londoner Hof selbst die zwischen den beiden Königshäusern geplante Hochzeit zu sabotieren versuchen. Wilhelmine sei verwachsen, wird sie verbreiten. Sie neige zu Ausbrüchen von Jähzorn, die epileptischen Anfällen gleichkämen.

Bevor die Hofdame Berlin in Richtung London verläßt, an ihre Stelle als Erzieherin Dorothea Luise von Sonsfeld

tritt, ein Geschöpf von „unendlicher Sanftmut", will die Léti Wilhelmine offenbar noch einen „Denkzettel hinterlassen", wie die Prinzessin vermutet. Aus England läßt sie sich eine Flasche mit ätzender Flüssigkeit schicken. Damit reibt sie das Gesicht ihres Zöglings ein, berichtet Wilhelmine in ihrem Tagebuch. Die Haut springt auf an vielen

Antoine Pesne, um 1737: Friedrich Wilhelm I.

Stellen. Schon nach wenigen Tagen ist Wilhelmines Gesicht angeschwollen, und es hat sich entzündet. Wieder einmal ist es die Amme, die Schlimmeres verhindert. Sie wirft die Flasche aus dem Fenster.

Offenbar wollte die Léti auf diese Weise den Beweis liefern, daß das Gesicht der Prinzessin von Pockennarben entstellt sei, wie sie fälschlicherweise dem Londoner Hof berichtet hatte. Dabei stehen Wilhelmine die Blattern erst noch bevor.

*S*o werden wohl nur Psychologen eine plausible Erklärung parat haben, wenn man erfährt, daß die Prinzessin in Tränen ausbricht am Tag der Trennung von ihrer Erzieherin.

Obschon sie „selbst nicht viel besessen" hat, wie sie bekennt, schenkt sie ihrer „Zuchtmeisterin" zum Abschied „Steine, Schmuck und Silbersachen" im Wert von etwa 5.000 Talern.

Was auch immer geschehen war, welche Qualen die Königstochter auch zu erdulden hatte, die Léti „mit dem schwarzen Herzen" war ihre Daseinsgefährtin. Sie war bei ihr Tag und Nacht, teilte das Zimmer mit ihr, war der andere Teil einer neunjährigen Lebensgemeinschaft. Hier gab es keine Trennwände aus Hofetikette, aus Abgehobensein von den Sorgen eines Kindes, aus Gefühlskälte, die sich zusammenmischt aus einer gewissen Gleichgültigkeit und jener absoluten Erhabenheit, die an den Fürstenhöfen des 18. Jahrhunderts das Verhältnis der fürstlichen Eltern zu ihren Kindern prägt. Die Léti aber bleibt dem Bösen treu bis zum letzten Tag in Berlin. Trotz der Geschenke habe sie „die Bosheit besessen, mich gänzlich zu berauben". Am Tag nach ihrer Abreise habe Wilhelmine kein einziges Kleid mehr besessen. Alles sei von der „Person mitgenommen" worden, so daß sie von Kopf bis Fuß neu eingekleidet werden mußte.

Friedrich Wilhelm I. spielt lange mit dem Gedanken, die Léti in die Festung Spandau bringen zu lassen. Sie hatte – Mut kann man ihr offenbar nicht absprechen – ihre Entlassung aus den königlich-preußischen Diensten damit schriftlich begründet, nicht mehr länger in einem

„derart barbarischen Land" leben zu können, in dem sie „weder Geist noch Vernunft" vorgefunden habe. Nur acht Tage Zeit gibt ihr der König, Preußen zu verlassen. „Ich tat, was ich konnte, um sie zu trösten, und bezeugte ihr viel Freundschaft", so Wilhelmine später.

Wie eine Blume, die man aus dem Schatten plötzlich ins Licht stellt, blüht die Prinzessin unter der behutsamen Führung durch die neue Erzieherin auf. Vielleicht malt Wilhelmine in ihren Erinnerungen, seien es die guten oder die bösen, oft in zu grellen Farben. Doch wird wohl Wesentliches über den Charakter der Hofdame Sonsfeld gesagt, wenn sie von ihr mit diesen Worten schwärmt: „Ihr Charakter darf als einzig gelten, als Zusammenfassung von Tugenden und Gefühlen; Geist, Energie und Großmut vereinen sich bei ihr mit einem reizenden Wesen. Ihre vornehme Höflichkeit flößt Achtung und Vertrauen ein; neben all diesen Vorzügen hat sie ein angenehmes Äußeres." Dorothea Luise von Sonsfeld, die schon der Königin Sophie Charlotte, der Großmutter Wilhelmines, als Hofdame gedient hat, ist vierzig Jahre alt, als sie das Amt der Erzieherin übernimmt. Sie hätte sich einige Male glänzend verheiraten können, schlug jedoch jede Partie aus.

Die Elfjährige, die der Sanftmütigen nun aus den Händen des Königs und der Königin in feierlicher Zeremonie anvertraut wird, sie ist nur noch ein Schatten ihrer selbst. Sie ist verschüchtert. Aller Lebenswille scheint gewichen. Sie hat Angst, gerät fast in Panik, wenn sich andere ihr nähern. Und sie ist voller Mißtrauen. Es gibt nur einen Menschen, ihren neunjährigen Bruder Friedrich, dem es gelingt, die Wand zu überwinden, die die Prinzessin zwischen sich und der Welt aufgerichtet hat. Mit dem Bruder liegt sie sich in den Armen, träumt sie gemeinsam ihre Kinderträume, vor allem dann, wenn der König in Potsdam ist, um sich von früh bis spät am Exerzieren und Paradieren seiner langen Kerls zu erfreuen. Läßt die Gicht es nicht zu, dem Schauspiel unter freiem Himmel beizuwohnen, läßt er sich in seinem hölzernen Rollstuhl durch die Schloßgalerie fahren, nimmt die Parade der dort in Lebensgröße gemalten

Konterfeis seiner Riesengrenadiere ab. Er gerät in Verzückung beim Anblick seines größten Muschkoten, einem Norweger, der nicht weniger als zwei Meter und 65 Zentimeter gemessen haben soll!

Die Abwesenheit des Königs wird auch genutzt, um Wilhelmines musische Begabung, die sie mit ihrem Bruder teilt, zu fördern.

Man mag einiges, was die älteste Tochter Friedrich Wilhelms I. über ihre Kindheit am Berliner Hof berichtet, als überdramatisiert betrachten, auch nicht außer acht lassen, daß sich die Prinzessin gern in der Rolle der stillen Erdulderin sieht. Dabei ist sie – wie auch ihr Bruder Friedrich – durchaus zuweilen aufsässig und voll kindlichem Trotz. Friedrich Wilhelm mutmaßt nicht ohne Grund, daß die Geschwister den König, der in seinem Jähzorn unberechenbar ist, insgeheim belächeln, ihm nur äußerlich jenen Respekt erweisen, den er von seinen Kindern fordert, den sie aber in ihrem Inneren mit zunehmendem Alter nicht aufzubringen vermögen.

Der Satz Wilhelmines, daß sie und ihr Bruder „das traurigste Leben der Welt" gehabt hätten, mag leichtfertig dahingeschrieben sein, wie manches Wort aus den Erinnerungen des preußischen Königskindes. Doch bleibt auch bei kritischer Betrachtung der Schluß gerechtfertigt, daß die Kindheit der Prinzessin wahrlich nicht auf Rosen gebettet war. Da ist der Alltag im Berliner Schloß. Er beginnt um sieben Uhr morgens, wenn des Königs Grenadiere direkt vor den Fenstern der Schlafgemächer der Königskinder auf dem Schloßhof nicht nur exerzieren, sondern auch in fast ununterbrochener Folge ihre Musketen abfeuern, die Luft sich füllt mit Pulverdampf. Die Vormittagsstunden bis zur Mittagstafel „verseufzen" die königlichen Sprößlinge in den Gemächern der Königin mit Lernen. Das Essen, das „in sechs kleinen Schüsseln" aufgetragen wird an des Königs Tafel, muß für 24 Personen reichen. So daß man, wie Wilhelmine schreibt, oft „vom Geruche satt werden mußte". Bei Tisch spricht nur der König. Das aber ständig und lange. Hebt er die Tafel auf, läßt er sich danach in seinen hölzernen Lehnstuhl fallen und sinkt für zwei Stunden in einen tiefen Schlaf. Während Friedrich Wilhelm schläft, lernen die Kinder. Danach nimmt die Königin Wilhelmine mit in ihr Zim-

mer, um sich von ihr vorlesen zu lassen. Dann darf sich das Kind auch ein wenig ausruhen. Es nutzt diese Pause meist, um zu musizieren.

Um acht Uhr wird gemeinsam zu Abend gegessen. Auch von der Abendtafel stand man, nach Wilhelmines Bekundungen, „meist hungrig wieder auf". Danach verschwindet der König in sein ebenso berühmtes wie berüchtigtes Tabakskollegium. In jener Versammlung der Trinkfesten am Königshof hält es Friedrich Wilhelm meist bis vier Uhr in der Frühe aus. Solange müssen die Königsfamilie und mit ihr die Hofdamen und Erzieher auf die Rückkehr des Königs warten.

Friedrich Wilhelm spart, wo er kann – ausgenommen bei der Anwerbung seiner Garde-Riesen und bei deren Montur –, so auch, wie wir lesen, am täglichen königlichen Eßtisch. Auf diesem Hintergrund spielt sich die folgende Szene ab: Friederike, die um fünf Jahre jüngere Schwester Wilhelmines, ist gerade, ohne vorher gefragt zu werden, dem Markgrafen von Ansbach anverlobt worden. Vom König am Tisch befragt, wie sie denn wohl als Markgräfin ihren eigenen Hof einrichten werde, muß Friederike bei der Antwort der Teufel geritten haben. Sie werde darauf achten, sagt Friederike, stets „einen guten wohlbesetzten Tisch zu haben, der sicher besser sein soll als der Ihrige". Der König fragt zurück und dabei steigt ihm die gefürchtete Zornesröte ins Gesicht: „Was fehlt an meinem Tisch?" Es muß der Mut einer schon bald nicht mehr Dazugehörenden gewesen sein, der Friederike sagen läßt: Was des Königs Tisch fehle, wiederholt sie Friedrich Wilhelms Frage. Es sei nicht genug Essen darauf, und was da sei, seien Kohl und Rüben, was man nicht ausstehen könne.

Eine Militär-
parade auf
dem Berliner
Schloßplatz,
festgehalten
1788 auf einem
Gemälde von
Carl Traugott
Fechhelm

*L*assen wir Wilhelmine berichten, was nun geschieht. „Schon ihre erste Antwort hatte angefangen ihn zu ärgern. Jetzt ward er wütend vor Zorn. Aber anstatt sie zu strafen, fiel er über die Königin, meinen Bruder und mich her." Nur mit viel Geschick gelingt es dem Kronprinzen, dem auf seinen Kopf gezielten Teller auszuweichen. Der zweite Teller fliegt in Richtung Wilhelmine. Auch sie kann sich noch rechtzeitig wegducken. Es folgt eine Schimpfkanonade auf die Königin. Er wirft ihr vor, die Kinder schlecht erzogen zu haben. Friedrich nimmt er sich mit den Worten vor: „Du solltest deiner Mutter fluchen. Sie ist daran schuld, daß du ein Taugenichts bist!" Dann läßt sich Friedrich Wilhelm, dessen Stuhl wegen seiner häufigen Gichtanfälle Rollen hat, von der Tafel fortziehen. Dabei versucht er, mit seinem Krückstock auf Wilhelmine und Friedrich einzuschlagen. Sie können den Schlag abwehren und fliehen aus dem Zimmer. So oder so ähnlich sieht der Alltag bei der Königsfamilie aus.

Hätte man mich doch mich doch sterben lassen…

„Ich bin ein böser Mensch,
und wenn ich einen Tag gut bin,
so bin ich doch hernach
gleich wieder böse."

(Friedrich Wilhelm I. über sich selbst)

*E*s sind die heißesten Tage des Jahres 1719. Der Juli schenkt der Mark Brandenburg einen Jahrhundertsommer. Das Thermometer zeigt südliche Temperaturen. Es steigt bis auf 30 Grad. Wir sind in Wusterhausen, dem königlichen Jagdschloß aus dem 16. Jahrhundert, Friedrich Wilhelms Lieblingsdomizil. Und weil dieses Schloß der Schrecken Wilhelmines und ihres Bruders war, wollen wir lesen, was Wilhelmine darüber berichtet.

Dieses „Nebengebäude" sei alles andere als ein „Märchenschloß". Der „sogenannte Palast" sei in „seiner ganzen Herrlichkeit" nur ein altes Haus mit einem noch älteren Turm, den man durch eine hölzerne Wendeltreppe besteigen müsse. Ein Erdwall umgibt das Gebäude. Dahinter ein tiefer Graben mit stehendem Wasser, das „einen wahren Pesthauch von sich gab". Drei Brücken führen über den Graben. Vor dem Schloß erstreckt sich ein an zwei Seiten bebauter Hof. Dort wohnt die königliche Begleitung.

Am Hoftor halten zwei weiße und zwei schwarze Adler gemeinsam mit zwei angebundenen Bären Wache. Ihnen darf niemand zu nahe kommen, der unverletzt zum König will. Am Brunnen in der Mitte des Hofes sieht man am Abend oft Friedrich Wilhelm sitzen und sein Pfeifchen rauchen. Dabei mag ihm immer wieder einmal der Gedanke gekommen sein, Preußens Königskrone abzulegen, sie dem Sohn zu überlassen, um danach jenseits des großen Weltgeschehens mit der ganzen Familie das Leben eines Landjunkers zu führen.

Hinter den dicken, auf den Fundamenten einer alten Festung errichteten Mauern im Erdgeschoß logiert Friedrich Wilhelm in einem schmalen nüchternen Raum. Man gerät in ihm nicht nur wegen der feuchten Wände ins Frösteln. In einer Nische aus Gußstein wäscht sich Preußens König. Die Königin hat es etwas bequemer. Ihr Raum ist größer. Doch ist auch er weiß gekalkt wie alle Räume des Schlosses. Im Zimmer der Königin gibt es – wie im ganzen Schloß – nicht einen gepolsterten Stuhl, geschweige denn einen Sessel.

Im ersten Stock befinden sich der Spielsaal und die Tabagie. Denn auch in Wusterhausen will der König auf sein Tabakskollegium und die Gelage nicht verzichten. Friedrich, der Kronprinz, der oft und nicht ohne Abscheu an der

Wilhelmine um 1713. Auf dem Gemälde, wahrscheinlich von Friedrich Wilhelm Weidemann gemalt, sind die von ihr so gehaßten Gängelbänder zu sehen.

Seite des Vaters daran teilnimmt, hat es danach nicht weit bis in sein Zimmer. Auch die Trinkkumpanen nicht. Sie alle müssen sich in quälender Enge die sieben Zimmer im Obergeschoß teilen. Wobei einige der Räume für die Königskinder, die Hofdamen, Gouvernanten und Offiziere reserviert sind. Alle Quartiere haben eines gemeinsam: Sie sind kalt. Alles friert selbst noch unter den zwar riesigen, aber feuchten Federbetten.

Die Leidenschaft des Königs für das Sparen bestimmt auch den Speiseplan im königlichen Jagdschloß. Kurz: Das Essen auf des Königs Tisch ist miserabel. Kohl und Rüben haben den Vorzug in den Töpfen. Hinzu kommt, daß fast nie genug aufgetragen wird. So habe man sich hungrig an die Tafel gesetzt und sei meist hungrig wieder aufgestanden, weiß Wilhelmine zu berichten. Und auch dies, was man kaum glauben mag: Haben Friedrich und Wilhelmine wieder einmal „schlechte Karten" beim königlichen Vater, dann spuckt er in die von ihm halbgeleerte Schüssel, bevor er sie an seine beiden Ältesten weiterreicht.

*N*un haben wir uns ein wenig wegerzählt von jenen heißen Julitagen des Jahres 1719. Gerade hat man Wilhelmines zehnten Geburtstag im Charlottenburger Schloß gefeiert, um danach nach Wusterhausen aufzubrechen. Dort angelangt, bringt eine Stafette aus Berlin die Nachricht, daß der zweijährige Prinz Wilhelm an der Ruhr erkrankt sei. Schon am nächsten Tag kommt die zweite Unglücksbotschaft vom Berliner Hof: Auch Wilhelms Schwester Friederike hat sich angesteckt und kämpft mit dem Tod.

Die Ruhr entwickelt sich in Berlin zur Epidemie. Die ganze Stadt lebt unter Quarantäne. Man verbarrikadiert sich in den Häusern. König und Königin trauen sich nicht in die Residenz zu ihren todkranken Kindern. Schon aber folgt der nächste Schlag. Er trifft Friedrich Wilhelm selbst. Mit schweren Koliken wälzt er sich auf seinem Lager. Um den Schüttelfrost zu bekämpfen, läßt er im Kamin ein mächtiges Feuer anzünden. Für Wilhelmine beginnt eine Tortur. Den ganzen Tag über muß sie bei der Höllenhitze am Bett ihres Vaters sitzen. Sie bekommt hohes Fieber. „Mein Blut kam so in Aufruhr, daß mir die Augen fast herausstanden." Es sind die Vorboten der Ruhr. Die Königin, robust von Natur und kaum jemals krank, glaubt, daß ihre Tochter simuliert, um sich vor der Wache am königlichen Krankenlager zu drücken.

Bis dann der totale Zusammenbruch der Zehnjährigen folgt. Nun erst wird sie, dem Tode näher als dem Leben, nach Berlin gebracht. Dort hört sie vom Tod ihres Bruders Wilhelm. Sie selbst übersteht – wie ihre Schwester Friederike – die Ruhr, um aber bald danach von einer Gelbsucht geplagt zu werden. Damit noch immer nicht genug: Es wird dramatisch für das Königskind, das sich mit dem Fleckfieber infiziert hat. Für Tage fällt die Prinzessin in tiefe Bewußtlosigkeit. Ohne Rücksicht auf die Ansteckungsgefahr eilen die Eltern an ihr Krankenbett, nachdem die Ärzte Wilhelmine aufgegeben hatten und man glaubte, ihre letzte Stunde sei gekommen. Weinend stürzt sich die Königin auf das Krankenbett. Auch Friedrich Wilhelms Augen füllen sich mit Tränen. Seine zwiespältige Seele öffnet ihre oft so verborgene, zärtliche Seite. Ganz liebender Vater ist er in dieser Stunde.

Wilhelmine muß die Natur der Mutter geerbt haben. Am nächsten Morgen hat sich das Fieber gelegt, ist sie außer Lebensgefahr. „Hätte man mich doch in Frieden von dieser Erde scheiden lassen. Es wäre zu meinem Glück geschehen", schreibt die Königstochter später in ihr Tagebuch.

Ein ständiger, die Kinderseele bis aufs Äußerste belastender Zwiespalt, er prägt das Verhältnis der Prinzessin zu den Eltern – besonders zu ihrem Vater. Einmal glaubt sie sich ganz sicher in seiner Liebe, zerfließt in Rührseligkeiten, wenn er Gutes für sie tut. Dann wieder ist sie fast überzeugt, daß der König sie haßt. Bei der Mutter hingegen findet sie eigentlich nie eine Stunde der Zärtlichkeit. Im Verhalten zu ihr wächst bei Wilhelmine das Gefühl, daß sie der Mutter gleichgültig wäre, gäbe es da nicht die Aussicht, aus Wilhelmine durch Verheiratung mit dem künftigen Kronprinzen, dem Herzog von Gloucester, eine Königin von England zu machen.

Wie verletzend Sophie Dorothea gegenüber ihrer Tochter sein kann, mag folgende Begebenheit zeigen: Nach der

Genesung Wilhelmines von der Fleckfieberinfektion ist Friedrich Wilhelm so beglückt, daß sie einen Wunsch äußern darf. Sie bittet, die Kinderkleider ablegen zu dürfen. Es sind jene Kleider, an deren Rücken in Höhe der Schulterblätter breite, sogenannte Gängelbänder angebracht sind. Bei kleinen Kindern auf unsicheren Beinen hat das den Zweck, sie vor dem Fallen zu schützen. Doch werden diese Bänder schließlich zum Symbol, zum sichtbaren Zeichen des Kindseins in seiner ganzen Abhängigkeit. So müssen auch größere Mädchen – wie Wilhelmine – noch im Alter von zehn Jahren die Gängelbänder ertragen.

Der König erfüllt der Prinzessin ihren Wunsch. Vor dem Spiegel ihres Zimmers paradiert sie nun in ihrem ersten richtigen Kleid, studiert ihre Bewegungen und ist, ob ihrer Erscheinung in den neuen Gewändern, so begeistert, daß sie zu ihrer Mutter eilt. Die parliert gerade mit den Damen ihres Hofstaates. Als Sophie Dorothea die Prinzessin erblickt, klatscht sie in die Hände und ruft laut: „Mein Gott, wie sehen Sie denn aus! Sie gleichen ja auf ein Haar einer Zwergin!" Sie habe betroffen dagestanden, „sehr verwundet in meiner Eitelkeit, und der Verdruß trieb mir die Tränen in die Augen", liest man im Tagebuch.

Friedrich Wilhelm I., leidenschaftlicher Jäger, ist auf dieser Simultandarstellung einer Hirschhatz um 1735 bei Wusterhausen (links im Hintergrund) gleich dreifach abgebildet.

Fleckfieber sollte nicht die letzte schwere Krankheit sein, die sie überlebt. Bald nach ihrem 16. Geburtstag wird sie von heftigen Kopfschmerzen geplagt. Das geht über Monate, ohne daß sie sich der Mutter anvertraut. Sie sei nach Wilhelmines Worten „von so unerhörter Härte", daß die Tochter – „selbst wenn ich manchmal halbtot war" – stets ein „vergnügtes Gesicht" zeigen muß, um nicht den „schrecklichen Zorn" der Mutter herauszufordern.

Während ihre Mutter in Hannover in Sachen englischer Heirat Wilhelmines sondiert, bekommt die Prinzessin plötzlich hohes Fieber, der Kopfschmerz wird so unerträglich, daß man ihre Schreie bis auf den Schloßhof hört. Tag und Nacht wird nun an ihrem Bett gewacht, um zu verhindern, daß sich das junge Mädchen umbringt.

Eilboten werden zum König nach Potsdam und zur Königin nach Hannover geschickt. Wieder stehen die Eltern fassungslos am Bett ihrer Tochter. Wieder glaubt man, es gehe mit ihr zu Ende. Die Ärzte wissen keinen Rat. Bis sich der Körper Wilhelmines einmal mehr selbst hilft. Nach drei Tagen Schmerz, Ohnmacht, Aufbäumen und Schreien bricht das Geschwür im Kopf – die Ursache der Schmerzen – auf. Eiter strömt aus dem Ohr. Ihr Leben ist auch diesmal wieder gerettet.

Man meint, es könne kaum noch schlimmer kommen mit diesem geplagten Geschöpf. Doch es kommt so schlimm, daß es fast an ein Wunder grenzt, wie sie alles übersteht. Sie ist nun zwanzig Jahre alt. Aus dem Kind ist eine schöne, wohlgewachsene junge Frau geworden. Wenn das im Heiratsgeschäft an Königshöfen eine Münze gewesen wäre, mit der man hätte wuchern können, hätten sich die Söhne großer europäischer Dynastien wohl um sie gerissen.

Der König hatte wieder einmal nach Tisch mit seiner Krücke versucht, Wilhelmine zu schlagen, nachdem er sich zuvor beim Essen mit einer Schimpfkanonade auf die Prinzessin und den Kronprinzen Friedrich Luft gemacht hatte. Auf seinem hölzernen Rollstuhl jagt der schwer an Gicht leidende Friedrich Wilhelm nun seiner Tochter hinterher, die sich in die Gemächer der Königin flüchtet.

Als sie mit ihrer Mutter in das Speisezimmer zurückkehrt, hat sich der König beruhigt. Sein Zorn ist, wie so oft, ebenso plötzlich vorüber, wie er gekommen ist. Nachdem sich Wilhelmine kurze Zeit danach abermals in das Zimmer der Königin zurückzieht, fällt sie zweimal in Ohnmacht. Die Kammerfrau der Königin stellt fest, daß Wilhelmines Gesicht und ihr Hals von roten Flecken übersät sind. In der darauffolgenden Nacht bekommt sie heftiges Fieber. Am nächsten Morgen läßt sie sich bei der Königin entschuldigen. Die aber verlangt, Wilhelmine möge bei ihr erscheinen, ganz gleich, „ob tot oder lebendig". Halb in Ohnmacht wird sie von vier Bediensteten zur Königin geschleppt.

In diesem Zustand bringt man sie auch zum König. Der stellt fest: „Schlecht sieht sie aus!" Er werde sie heilen, verspricht er und versucht dies auf seine Art. Einen großen Becher vom ältesten und stärksten Rheinwein

läßt er bringen. Der Kranken befiehlt er, ihn bis auf den letzten Tropfen zu leeren. Darauf folgt ein heftiger Fieberanfall.
Wilhelmine beginnt zu phantasieren.

Man trägt sie in ihr Zimmer. Sie wird ins Bett gelegt, ohne daß man ihr den Kopfputz abnimmt. Denn sie hat die
Order, abends wieder an der königlichen Tafel zu erscheinen. Daraus wird nichts. Es ist wie eine Gnade: Wilhelmine verliert das Bewußtsein. Die Medizin, die ihr die Ärzte
verabreichen, verschlimmert den Zustand. Erwacht sie
zwischendurch, ist sie voll bei Verstand. Dann versucht sie,

Das Gemälde,
auf dem das
Tabakskollegium
Friedrich
Wilhelms I. in
Wusterhausen
um 1737 darge-
stellt ist, wird
Georg Lisiewski
zugeschrieben.

ihre weinende Hofmeisterin Dorothea von Sonsfeld zu trösten. Es sind Worte aus einer gequälten Seele. Wilhelmine spricht davon, nun jenen Frieden zu finden, den ihr „niemand mehr rauben" könne. Sie nimmt alle Schuld an dem „Kummer" auf sich, unter dem die Königin und der Kronprinz zu leiden hätten. „Sagen Sie dem König, ich hätte ihn stets geliebt und geachtet." Sie habe sich nichts vorzuwerfen, so daß sie hoffe, der König werde sie vor ihrem Tod segnen. Sie bittet „flehentlich", der König möge „mit der Königin und meinem Bruder" besser umgehen und mit ihrem Tod „alle Zwietracht und Feindseligkeiten zu Grabe tragen". Dies sei ihr letzter Wunsch.

Nachdem feststeht, daß es die Pocken sind, die Blattern, die sie befallen haben, wird die Prinzessin wie eine Staatsgefangene behandelt. Die Zugänge zu ihrem Zimmer, bis auf einen, werden versiegelt. Alle haben die strenge Order, das Zimmer der Kranken nicht zu betreten. Nur das Fräulein von Sonsfeld und die Kammerfrau Mermann bleiben Tag und Nacht bei ihr.

Der Raum ist bitterkalt. Das Essen, das man ihr bringt, besteht aus einer meist versalzenen wäßrigen Suppe. Zu allem Unglück erleidet ihre Kammerfrau auch noch eine Fehlgeburt. Die Nachfolgerin der Mermann hilft sich gegen eine mögliche Ansteckung mit Alkohol. Sie ist täglich so betrunken, daß sie kaum in der Lage ist, die Prinzessin zu pflegen.

Einer durchbricht die strenge Quarantäne: Kronprinz Friedrich. Er, der die Pocken schon überstanden hat, schleicht sich zweimal täglich in das Zimmer seiner Schwester. Neun Tage dauert der Kampf mit den Blattern. Dann hat Wilhelmine sie besiegt und dies so gründlich, daß nicht eine einzige Narbe zurückbleibt.

*A*uch Königskinder – vor allem dann, wenn ihr Leben, wie am preußischen Hof, von Tristesse geprägt ist – freuen sich auf Besuch. Noch dazu, wenn es sich um eine derart turbulente Visite handelt, wie die des Zaren Peter des Großen in Berlin 1718. Dieses Ereignis muß die neunjährige Wilhelmine so beeindruckt haben, daß die spätere Schilderung der Tage des Zaren und der Zarin in Berlin, samt einer nahezu exotischen, in die Hunderte gehenden Schar von Begleiterinnen, zum Amüsantesten gehört, was Wilhelmine in ihren Memoiren zu Papier gebracht hat.

Die kleine Prinzessin hatte sich vorher so gut auf die Gäste vorbereitet, daß der Zar in Verzückung gerät, als sie ihm mit Details über die russische Flotte und militärischen Erfolge des Herrschers aller Reußen aufwartet. Eine ganze Provinz hätte er hergeben mögen, schwärmt der Zar, hätte er eine derartige Tochter gehabt.

Zar Peter der Große

Zum ersten Mal darf Wilhelmine unter dem Thronhimmel bei der Audienz neben dem König stehen, während die Königin und die Zarin auf Sesseln Platz genommen haben. Zur Zarin aus Wilhelmines Erzählungen dieses Detail: Die dem Zaren seit 1712 angetraute Marta Skawronskaja, die spätere Zarin Katharina I., sei „klein, gedrungen, unansehnlich und ungraziös". Folgt man der Schilderung, so ist es gut, daß die Zarin während der Audienz unter dem Thronhimmel sitzt. Macht sie doch, wenn sie sich bewegt, ein Geräusch als „käme ein Maultier daher". So sehr hätten „all die Orden an ihrem Kleid wie Schellen geklirrt".

Zur Garderobe der Zarin: „Man hätte sie ihrem Aufzug nach für eine deutsche Komödiantin gehalten." Ihr Gewand sei wohl bei einer Trödlerin gekauft worden. Es sei „mit Silber und Schmutz überzogen, die Vorderseite ihres Rockes mit Steinen besetzt", die einen Doppeladler bildeten, „dessen Federn mit kleinsten Diamantensplittern besetzt und sehr schlecht gefaßt" gewesen seien. Neben den vielen Orden habe man ebenso viele Heiligenbilder und Reliquien „längs der Verzierungen ihres Kleides angebracht".

Vom Zaren sagt die Prinzessin, er sei sehr groß und ziemlich gut gewachsen. „Sein Gesicht war schön, aber der Ausdruck hatte etwas Rauhes und Furchteinflößendes." Grotesk ist die Beschreibung der Begleitung des Zaren. Die ganze zaristische Hofgesellschaft war per Schiff am Schloß Monbijou angelangt, wo der Zar residieren sollte – nicht, ohne daß vorher im ganzen Lustschloß das Porzellan, und was sonst noch zerbrechlich war, in Sicherheit gebracht worden war.

Zur Verwunderung der geradezu züchtigen, pietistisch prüde geprägten königlichen Familie und der gesamten Berliner Hofgesellschaft entstiegen dem Schiff hinter dem Zaren und der Zarin 400 „sogenannte Damen". Lassen wir Wilhelmine weiter erzählen. „Es waren meist deutsche Mägde, welche den Dienst von Kammerjungfern, Köchinnen und Wäscherinnen vertraten." Fast jede „dieser Kreaturen trug ein kostbar gekleidetes Kind im Arm; und als man sie fragte, ob es ihre eigenen wären, antworteten sie, indem sie sich in allerlei russischen Verbeugungen ergingen, der Zar sei Vater derselben, er hätte ihnen diese Ehre erwiesen".

Digmar Degen, um 1730: Ansicht Schloß Monbijous von der Wasserseite

Preußens Königin, die biedere Tochter Georgs I. von England, sie denkt nicht daran, den „sogenannten Damen" des Zaren die Ehre zu erweisen. Sie weigert sich, sie zu begrüßen. Friedrich Wilhelm muß erst Drohungen aufbieten, bis sich Sophie Dorothea herabläßt, die 400 Hände zu schütteln. Für diese Weigerung rächt sich Zar Peter offenbar später bei Tisch.

Der Zar, den man in seiner Jugend mit einem Nervengift hatte umbringen wollen, leidet seither an heftigen Konvulsionen, die er nicht zu beherrschen vermag. Als er an der Tafel abermals von einem solchen Anfall überrascht wird, dabei mit dem Messer in der Luft herumfuchtelt und der Königin damit sehr nahekommt, nimmt er die Hand Sophie Dorotheas, drückt sie so fest, daß die Königin laut aufschreit. Darüber bricht er in herzhaftes Lachen aus, um danach festzustellen, Preußens Königin habe noch „zartere Knochen" als seine Frau.

Nicht Rache, sondern Gepflogenheit ist es wohl, daß im Schloß Monbijou – es ist ein Geschenk König Friedrichs I. an Sophie Dorothea – fast nichts heil geblieben ist nach dem Besuch des russischen Herrschers. Wilhelmine behauptet, man habe danach das ganze Schloß neu herrichten müssen. Es habe „die Zerstörung von Jerusalem" geherrscht. Nie habe sie so etwas gesehen.

Folgende Geschichte wird von Wilhelmine in vornehmer Zurückhaltung erzählt und sei im Wortlaut wiedergegeben. Man besichtigt das Münzkabinett des Königs und seine Sammlung antiker Statuen. In der Sammlung soll sich eine Statue befunden haben, die eine heidnische Gottheit „in sehr indezenter Haltung darstellte; man stellte solche Statuen zur Zeit der alten Römer gern in den Hochzeitsgemächern auf. Das Exemplar galt für sehr selten und für eins der schönsten, die es gab. Der Zar bewunderte diese Statue sehr und befahl der Zarin, sie zu küssen. Diese wollte sich sträuben, er wurde aufgebracht und sagte in schlechtem Deutsch: ‚Kop ab', was soviel heißt als: ich werde Sie enthaupten lassen, wenn Sie nicht gehorchen. Die Zarin erschrak so sehr, daß sie alsbald gehorchte." Nach sieben Tagen reist der Zar mit seinem Gefolge wieder ab und hinterläßt ein staunendes Berlin.

Königs Wusterhausen: Hier ist er Mensch – hier will er's sein!

Beatrice Härig

Friedrich Wilhelm I. liebte die Jagd über alles. Sie war, neben seinen nicht gerade mäßigen Trink-, Eß- und Rauchgewohnheiten, der einzige Luxus, den er sich gönnte. Die Umgebung Wusterhausens, südlich von Berlin in der Mark gelegen, bot für sie beste Voraussetzungen. Deshalb verlegte der König den Familienwohnsitz in der Jagdsaison von den ungeliebten Stadtresidenzen in Berlin und Potsdam nach Wusterhausen, das er 1698 als Zehnjähriger von den Eltern zu Weihnachten geschenkt bekommen hatte. Der Rest der Familie teilte die Begeisterung des Königs für den Ort wegen dessen gefürchteter Launen und wegen des mangelnden Komforts jedoch nur bedingt. Dazu trugen auch die groben Sitten der „Langen Kerls" bei, die Friedrich Wilhelm hier drillte.

Das Schloß ist wohl – neben dem winzigen, bescheidenen Jagdschloß Stern in Potsdam – der Ort, an dem man dem „Soldatenkönig" heute am nächsten kommen kann. Es scheint geradezu, als würde der Charakter des Königs durch Wusterhausen in Stein überliefert. Das Schloß versinnbildlicht das Preußen seiner Regierungszeit: sparsam, streng, calvinistisch. Es ist gestaltgewordene Reaktion des Sohnes auf die Verschwendungssucht des Vaters, Friedrichs I., der ganze Heerscharen von Künstlern für sich arbeiten ließ. Unter ihm war Preußen zum Königreich, Berlin zu einer barocken Residenz geworden. Andreas Schlüter hatte dem Berliner Stadtschloß eine imposante barocke Fassade verliehen, Johann Friedrich Eosander von Göthe mit dem Potsdamer Stadtschloß die Kulisse für eine pompöse Hofhaltung im französischen Stil geschaffen. Friedrich Wilhelm I. aber zieht sich Zeit seines Lebens regelmäßig in das für die damaligen Verhältnisse der herrschenden Klasse schon spartanisch zu nennende Wusterhausen zurück. Denn der Name Königs Wusterhausen, den der Ort 1718 erhält, verspricht mehr Glanz als er hält.

Schloß Königs Wusterhausen in der Mark Brandenburg

In wesentlichen Teilen stammt das Schloß – schon 1320 wird an diesem Ort eine Burg erwähnt – aus dem 16. Jahrhundert. Auch nach den Umbauten durch den Soldatenkönig behält das Äußere die Gestalt des Renaissancebaus im Typus des Festen Hauses. In der Tat wirkt es fest und wuchtig: Es ist ein verputzter zweigeschossiger Bau, der lediglich durch ein paar unregelmäßig in der Fassade verstreute Fenster – rechteckig und einfach gerahmt – aufgelockert wird. Die Eckquaderung unterstreicht den kompakten Eindruck. Zwei schmucklose Dreiecksgiebel vor den beiden steilen parallelen Satteldächern schließen die Nord- und Südfassade jeweils ab. Der runde Treppenturm auf der Hofseite, Eingang und Zugang zu den einzelnen Geschossen, ist aus der Mittelachse verschoben. Einzige Referenz an die Barockzeit bildet die geschweifte Haube des Turms.

Man muß sich im Vergleich die Wohnorte anderer europäischer Herrscherfamilien vor Augen führen: In Wien logiert man in Schloß Schönbrunn, das ab 1695/96 von Fischer von Erlach erbaut wird, seit 1711 baut Pöppelmann im Auftrag Augusts des Starken den Zwinger in Dresden, Le Blond entwirft 1715 für Peter den Großen die Häuser am Newskij-Prospekt, der Erzbischof von Würzburg brüstet sich

1719 mit Neumanns Trep-
penhaus in seiner Residenz
– überall platzverschwen-
dende Grundrisse und über-
reiches barockes Dekor.

Nur der preußische König
sitzt in karg eingerichteten
Räumen auf selbstentworfe-
nen Holzstühlen ohne Leh-
nen und amüsiert sich bei
langen Tabakskollegien, immer in Uniform, bei denen
auf Kommando geraucht
werden muß. Kronprinz
Friedrich erlebt 1728 bei einem vierwöchigen Besuch
in Dresden, dem barocken
Sündenpfuhl überhaupt,
atemlos Prunk und Protz im
Übermaß – August der Starke hatte alles auffahren lassen, was möglich war. Er
läßt Wilhelmine an seinen
Erlebnissen durch viele Briefe teilhaben. Und kehrt
anschließend ins um so
trostlosere, nicht standes-
gemäße Wusterhausen zu-
rück. Wilhelmine nannte
Berlin und Potsdam ihr
„Fegefeuer", Wusterhausen

aber war ihre „Hölle". Hier wird 1730 das Todesurteil über
Hans Hermann von Katte, den Freund und Fluchthelfer
des Kronprinzen, unterschrieben. Nicht nur die über-
strenge Erziehung der Königskinder in Wusterhausen und
die ewigen Konflikte mit den Eltern haben Wilhelmine
und Friedrich leiden lassen – die Gemäuer selbst müssen
in ihnen, den Kunstinteressierten, Ekel ausgelöst haben.
Mit Sicherheit ist die feinsinnige Bauleidenschaft, die Wilhelmine viele Jahre später in Bayreuth an den Tag legt,
auch als Reaktion auf Wusterhausen zu verstehen – auch
wenn ihre Schilderungen des kargen Lebens und der

**Das Tabaks-
kollegium und
das Empfangs-
und Arbeits-
zimmer des
Soldatenkönigs**

furchtbaren Vorkommnisse in dem Schloß, wie vieles in ihrem Tagebuch, mit Vorsicht zu genießen sind.

Seit 2000 ist Schloß Königs Wusterhausen nach langjähriger Restaurierung wieder zugänglich. Es ist in den Zustand der ersten Hälfte des 18. Jahrhunderts gebracht und mit passendem Mobiliar aus der Zeit eingerichtet worden. Rund 160 Gemälde aus jener Zeit, darunter etwa vierzig Gemälde, die von Friedrich Wilhelm I. eigenhändig gemalt wurden, sind zu besichtigen (s. S. 92) .

Der barocke Garten, der von Siméon Godeau, einem Schüler André Le Nôtres, um 1700 angelegt wurde, wird teilweise bis 2010 wieder entstehen.

In seiner Schlichtheit beeindruckend: Der Festsaal läßt keine rauschenden Bälle erwarten

Schloß Königs Wusterhausen ist von April bis Oktober dienstags bis sonntags von 10 bis 17 Uhr geöffnet, von November bis März von 10 bis 16 Uhr, aber nur im Rahmen von Führungen (die letzte beginnt um 17 bzw. 16 Uhr) zu besichtigen. Informationen unter Tel. 03375/211700.

44

„Ich schwöre Ihnen meinen ewigen Haß!"

„Wenn die Königin
mich glücklich machen
will, muß sie mein Herz
zu Rate ziehen."

(Wilhelmine zu den
Heiratsplänen ihrer Mutter)

*D*ie Herren kommen in Schwarz. Sie schicken die Hofmeisterin Dorothea Luise von Sonsfeld hinaus und verriegeln hinter ihr die Tür. Wilhelmine, älteste Tochter Friedrich Wilhelms I., flüchtet in ihr Schlafzimmer. Die Herren folgen ihr ohne Skrupel. Es ist die Schicksalsstunde im Schloß zu Berlin an diesem Maitag 1731. Die Herren kommen vom König. Es sind die Mächtigsten der Staatsdiener am preußischen Thron.

Angeführt werden sie von Friedrich Wilhelm von Grumbkow, des Königs erstem Minister. Er läßt sich mit Wissen des Königs von Kaiser Karl VI. in Wien dafür bezahlen, daß Preußen sich nicht zu eng an England und Frankreich bindet. Grumbkow ist nicht der Einzige, der sich von fremden Fürstenhöfen bestechen läßt. So spare er selbst bei der Bezahlung seiner Minister und es bringe auch noch Geld aus dem Ausland ins Land, meint dazu der als geizig verschriene Preußenkönig.

Neben Grumbkow hat der König den Minister Podewils zu Wilhelmine geschickt. Er ist der Schwiegersohn Grumbkows. Die Abordnung ergänzen Friedrich Wilhelms Kabinettsminister Adrian Bernhard von Borck und Wilhelm Heinrich von Thulemeier.

Wilhelmine ist verwirrt. Noch lähmt sie der Schreck, der sie durchfuhr, als die Herren laut und energisch – ohne jede Rücksichtnahme – an die Tür ihrer Gemächer pochten. Sie fühlt sich verletzt. Ihr Körper zittert. Am liebsten hätte die 22jährige ihr Gesicht in den Händen vergraben und sich aufs Bett geworfen. Sie muß sich an einem Stuhl festhalten, „um nicht zu Boden zu sinken", wie sie später diese Szene selbst beschreibt. Doch dann plötzlich, als habe sie sich einen inneren Ruck gegeben, ist sie ganz ruhig, weicht die Angst aus ihren Zügen einem Anflug von Stolz. Sie wartet, ist jetzt ganz königliche Hoheit.

Das macht die vier Herren zunächst verlegen. Ein langes Schweigen. Dann beginnt Grumbkow, der Verschlagene, das Gespräch. Auf Befehl des Königs sei man gekommen. Der sei nicht länger gewillt, sich zum Spielzeug Englands zu machen. Geduldig habe der König „bis zum heutigen Tag" darauf gehofft, die Heirat der Prinzessin mit dem Prinzen von Wales zustande zu bringen.

Es folgt ein Satz, der Wilhelmine eigentlich in helles Lachen hätte ausbrechen lassen müssen: Grumbkow selbst habe „in Unterhandlungen sein Möglichstes getan, um den Hof zu London zur Einwilligung in Ihre Ehe zu vermögen". Ein Kabinettstück der Verlogenheit, in seiner Dreistigkeit kaum zu überbieten. Denn hier steht der große Sieger nach einem nahezu 15jährigen Intrigenspiel um die Machtverhältnisse in Europa vor jener jungen Frau, die das traurige Opfer dieses Mächtepokers wurde.

Grumbkow ist auch an diesem Morgen viel zu gerissen, viel zu sehr Herr des Geschehens, um gleich mit der Tür ins Haus zu fallen. Kein Stückeschreiber hätte einen dramaturgisch geschickteren Monolog erfinden können. So schildert er – ohne den Grund seines Besuches auch nur zu berühren – zunächst einmal die „Folterinstrumente", das heißt: das, was für Wilhelmine in dieser Stunde auf dem Spiel steht. Es sei die Hartnäckigkeit des englischen Hofes, die schuld sei „am Unglück Ihres Hauses".

Es sei die Königin mit ihren Intrigen und der Beharrlichkeit, mit der sie sich den Wünschen des Königs widersetze. Sie habe den König so erbittert, daß man „jeden Tag eines endgültigen Bruches (...) gewärtig sein" müsse. Dann kommt er auf das Schicksal des Kronprinzen nach dessen mißglückter Flucht und seiner Festungshaft in Küstrin zu sprechen. Es sei „ein klägliches Dasein", das der Kronprinz führe. Dem folgt die Drohung: Man könne die Untersuchungen über die Einzelheiten der Flucht wieder aufnehmen. Was auch bedeuten könne, die Verwicklungen der Prinzessin in die Fluchtpläne noch einmal genauer zu untersuchen.

*N*un macht er eine große Pause, läßt seinen Worten Zeit, auf die Prinzessin zu wirken. „Allein, ich komme zur Hauptsache: Um alle Schwierigkeiten aus dem Wege zu räumen, (...) haben wir den Auftrag [des Königs], Ihnen nun den Prinzen von Bayreuth [für eine Heirat] vorzuschlagen". Er nennt zwei Gründe, weshalb Wilhelmine gegen diesen Vorschlag keine Einwände erheben könne. Der erste ist zynisch: „Sie können für den Prinzen gar keine Abneigung haben, Prinzessin, da Sie ihn nicht kennen." Der zweite Grund ist fragwürdig: Die Königin selbst habe den Prinzen dem König vorgeschlagen. Das aber lag lange zurück. Ein

Vorschlag aus Verlegenheit. Der König, der das Hin und Her um die englische Heirat satt hatte, befahl damals, Wilhelmine solle den Herzog Johann Adolf von Weißenfels heiraten. „Einem lumpigen Niemand", der nur von der Gnade des Königs von Polen lebe, wie die Königin es ausdrückte. Um ihr den „dicken Adolf" zu ersparen und um Zeit zu gewinnen, die Heirat mit dem Prinzen von Wales doch noch zustande zu bringen, hatte Sophie Dorothea den Prinzen von Bayreuth ins Heiratsspiel gebracht.

*G*rumbkow weiß das natürlich an diesem schicksalhaften Maitag. Er weiß auch von seinem Gewährsmann am Londoner Hof, daß die Königin dabei ist, ihren Bruder Georg II. doch noch für den Ehebund zu gewinnen. Jetzt kehrt er den väterlichen Freund der Prinzessin heraus. „Ich weiß, Prinzessin, da Sie in der Aussicht auf größere Machtstellung auferzogen wurden und eine Krone zu tragen hofften, mag Ihnen der Verzicht sicherlich schwer fallen. Allein, die großen Fürstinnen sind dazu geboren, dem Wohl des Staates geopfert zu werden. Im Grunde bewirkt ja der Glanz nicht das wahre Glück. Fügen Sie sich also, Prinzessin!" Was für eine Rede!

Zuvor hatte er ihr eine Art „Zuckerbrot" dargeboten: Der Erbprinz von Bayreuth werde nach dem Tode seines Vaters „die Herrschaft über ein sehr schönes Land antreten". Von allen Seiten werde dieser Prinz nur gelobt.

Der Minister zählt auf, was dem König die Entscheidung für den Prinzen wert sei. Er verspreche, „falls Sie ihm gehorchen, Sie doppelt so sehr zu begünstigen wie seine anderen Kinder und (er) bewilligt Ihnen nach Ihrer Hochzeit die gänzliche Freiheit des Kronprinzen". Der König sei bereit, das Vergangene zu begraben und mit dem Kronprinzen und der Königin „freundlich (zu) verfahren". Dann folgt dem Zuckerbrot die Peitsche. Die Stimme Grumbkows färbt sich dunkel ein: „Wenn Sie aber all diesen Vernunftsgründen zum Trotz und wider Erwarten auf Ihrer Weigerung beharren, so haben wir Sie auf Befehl des Königs unverweilt nach der Festung Memel in Litauen zu bringen und wider Fräulein von Sonsfeld und Ihre sonstige Dienerschaft mit äußerster Härte vorzugehen."

Am Morgen dieses Tages hatte der engste Vertraute Friedrich Wilhelms, sein Schloßkastellan Rudolf Wilhelm Eversmann – er wird übrigens vom österreichischen Gesandten bestochen –, der Prinzessin berichtet, daß der König vorhabe, die Hofmeisterin „an allen Straßenecken der nig vorhabe, die Hofmeisterin „an allen Straßenecken der Stadt" öffentlich auspeitschen zu lassen.

Wilhelmine läßt sich mit der Antwort auf Grumbkows Rede Zeit. Sie steht in ihrer Diktion der Rede des Ministers nicht nach. In gespielter Gelassenheit sagt sie, der Vorschlag des Königs „ist so vernünftig und begründet", daß sie sich dem „schwerlich entziehen könnte". Sie spielt auf Grumbkows Bemerkung an, daß Glanz nicht das wahre Glück bedeute, indem sie bekennt, Ehrgeiz gehöre nicht zu ihren Fehlern und sie verzichte „leicht auf den Glanz, den Sie meinen!".

Dann folgt eine Kritik an der Königin. Sie habe geglaubt, durch die Vermählung mit dem Prinzen von Wales „mein Glück zu machen". Doch habe sie dabei nie ihr Herz befragt, noch habe sie selbst es je gewagt, der Königin „meine wahren Gefühle hierüber auszusprechen". Dann kommt sie, nachdem sie noch einmal die Zusicherung wiederholt, daß der König künftig die Königin besser behandeln, für einen dauernden Frieden im Königshaus sorgen und die Freiheit des Kronprinzen veranlassen werde, zu ihrer Bedingung. Sie kleidet sie in eine Bitte. Sie erflehe „die Gnade" des Königs, sich zuvor die Einwilligung der Königin einzuholen.

„Sie verlangen Unmögliches von uns, Prinzessin", antwortet Grumbkow. Der Minister von Borck mischt sich ein. Unter Tränen beschwört er die Prinzessin, sich jetzt sofort zu entscheiden, wenn sie sich nicht ins Unglück stürzen wolle. Man berät sich. Thulemeier nutzt die Gelegenheit, ihr zuzuflüstern: „Ich bürge Ihnen mit meinem Kopf, Ihre Heirat mit dem Prinzen wird nicht vollzogen." Es gelte jetzt nur, den König zu besänftigen. Er werde es übernehmen, der Königin begreiflich zu machen, daß nur auf diesem Weg noch eine Heirat mit dem Prinzen von Wales möglich sei.

Danach löst sich die Spannung: „Mein Entschluß ist gefaßt", sagt Wilhelmine. „Ich willige in alle Ihre Vorschläge ein. Ich opfere mich für meine Familie." Dann wendet sie sich an die vier Herren direkt: „Was Sie angeht, meine Herren, so mag Sie Gott zur Rechenschaft ziehen, wenn Sie nicht bewirken, daß der König die Versprechen hält, die er mir durch Sie betreffs der Königin und meines Bruders geben ließ."

Um ihn gibt es die Querelen: Der Prinz von Wales, Heiratskandidat Wilhelmines, 1733 mit seinen Schwestern Anna, Amalie und Karoline. Amalie sollte mit Kronprinz Friedrich verheiratet werden.

Am nächsten Morgen schreibt sie der Königin. Der Schlußsatz des langen Briefes an die Mutter lautet: „Ich hoffe, Sie werden mir den Fehler verzeihen, daß ich mich ohne Ihr Wissen entschied." Die Königin verzeiht nicht. „Sie durchbohren mir das Herz", schreibt sie zurück. Sie habe ihr den größten Kummer zugefügt, den sie jemals erfahren habe. Sophie Dorothea beschuldigt sie der „Bosheit des Herzens". Der Brief gipfelt in den Sätzen: „Ich erkenne Sie nicht länger als meine Tochter an und sehe in Ihnen von nun an meine ärgste Feindin. Ich schwöre Ihnen einen ewigen Haß und werde Ihnen niemals verzeihen."

An dieser Stelle lohnt es sich, den Fortgang der Ereignisse um Preußens Prinzessin Wilhelmine zu unterbrechen. Lassen wir fürs erste die Königin in ihrem Zorn, der sich bis zum Haß steigert, ebenso allein wie Wilhelmine, die nun mit einer Mischung aus Neugier und Abneigung auf ihre erste Begegnung mit dem Prinzen wartet, der selbst bis zur Stunde von seinem Glück, in Preußens Königshof einzuheiraten, nichts weiß.

Wie sagte Grumbkow? „Große Fürstinnen sind dazu geboren, dem Wohl des Staates geopfert zu werden." Allerdings streitet man sich am Berliner Hof immer wieder darüber, was dem Wohl des Staates dient, um das Schicksal einer Prinzessin daran zu binden.

Für Sophie Dorothea, die Königin aus dem Haus Hannover, deren Vater seit 1714 als Georg I. auf dem Thron Englands sitzt, ist das Wohl Preußens am besten in einem Bündnis mit England aufgehoben. Gesichert für lange Zeit durch die Verheiratung ihres Neffen, der sich jetzt Herzog von Gloucester nennt, später Prinz von Wales heißen und einmal König von England sein wird, mit seiner Cousine Wilhelmine. Ihr Ehrgeiz endet damit nicht. Zur gleichen Zeit möchte sie, daß ihr Sohn, Preußens Kronprinz Friedrich, einen Ehebund mit seiner englischen Cousine Amalie schließt.

Friedrich Wilhelm I., der König, glaubt, daß das Wohl seines Staates, das ihn ein Leben lang umtreibt, dem er alles unterwirft, ihn nicht fragen läßt nach persönlichem Wohlergehen. Ihm sei in Bezug auf seine älteste Tochter zum ehesten gedient, wenn Preußens Vorteil groß und die von ihm zu stellende Mitgift klein sei. So berichtet Wilhelmine später in ihren Erinnerungen von einem gehei-

men Abkommen mit Schwedens kriegerischem König
Karl XII. aus dem Jahr 1717, der Preußen Schwedisch-
Pommern einbringen soll und Karl Preußens Wilhelmine.
Die ist gerade acht Jahre alt und soll – so ist es abgemacht
– im Alter von zwöf Jahren nach Schweden gebracht und
dort erzogen werden. Es bleibt der kleinen Prinzessin er-
spart. Der Schwedenkönig fällt 1718 bei der Belagerung
von Fredrikshald (heute Halden).

*E*lf Jahre danach – Wilhelmine ist nun 19 Jahre alt
und zu einer schönen jungen Frau herangewachsen – ist
es August II., der 59jährige König von Polen und Kurfürst
von Sachsen, dem Friedrich Wilhelm die Tochter verspricht.
August, den die Geschichtsbücher einmal den „Starken"
nennen werden und der seine leibliche Tochter, die Grä-
fin Anna Orzelska, ständig als Geliebte zur Seite hat, will
dem preußischen König dafür als Pfand für vier Millionen
geliehene Taler die Lausitz übergeben. August setzt für
Wilhelmine im Falle seines Todes ein Witwengehalt von
200.000 Talern fest, einschließlich einer freien Wahl ihres
Wohnsitzes.

Doch offenbar haben August und Friedrich Wilhelm ihre Rechnung ohne Augusts Sohn gemacht, dem Prinzen
von Polen und Thronfolger. Der verweigert – nüchtern
wie er später in seiner gesamten Regierungszeit war – seine
Zustimmung. Ja, er droht dem Vater sogar mit einer In-
tervention beim Kaiser in Wien.

Wilhelmine – so bekennt sie später – will von all dem
nichts gewußt haben. Doch muß man ihr das nicht glauben. Dafür gibt es zu viele Anspielungen ihr gegenüber,
vor allem seitens des Grafen Jakob Heinrich von Flemming und dessen Frau, der Fürstin Radziwill, die sich beide mit der Prinzessin angefreundet haben. Flemming ist
Augusts außerordentlicher Gesandter am Berliner Hof.

Doch hat Wilhelmine die Sache möglicherweise nicht
sehr ernst genommen, sie mehr als die Ausgeburt eines
jener Trinkgelage der beiden Potentaten betrachtet. Hatten doch Friedrich Wilhelm und August gemeinsam die
„Gesellschaft zur Bekämpfung der Nüchternheit" gegründet und als Gründungsgeschenke zwei mächtige

Humpen miteinander ausgetauscht. Es gehört zum „Ehrenkodex", sie in einem Zug zu leeren.

Doch mag es Wilhelmine auch nicht wenig geschmeichelt haben, daß Sachsens personalisierte Sinnlichkeit und Frauenkenner par excellence ihr als Königin die glanzvollen Höfe von Dresden und Warschau öffnen will.

Das alles aber ist mehr oder weniger Nebenhandlung. Das eigentliche Drama – die Quelle allen Unglücks im preußischen Königshaus – ist das Gezerre um die englische Heirat. Es ist das große Intrigenspiel, dessen handelnde Personen Georg I. von England, sein Sohn Georg II., Preußens Königin Sophie Dorothea, der erste Minister am Thron von Berlin, Friedrich Wilhelm Grumbkow, sowie der Kaisergesandte Friedrich Heinrich von Seckendorff und dessen Opfer Wilhelmine und ihr Bruder Friedrich sind. Nicht zuletzt aber auch Friedrich Wilhelm I. selbst. Er versucht sich im Laufe des Geschehens an einer Schnur der Fenstervorhänge eigenhändig zu erdrosseln.

*W*ilhelmine ist zehn Jahre alt, als ihr die Mutter von der Absicht erzählt, sie mit ihrem Vetter, dem Herzog von Gloucester, zu verheiraten. Das Kind weiß noch wenig von den politischen Hintergründen dieses Heiratsspiels. Nichts davon, daß Vertraute des Königs viel Geld kassieren vom Hof in Wien, um eine solche Heirat zu verhindern. Es ahnt nicht, daß selbst ihre Erzieherin den Auftrag hat, die Heiratspläne hintertreiben zu helfen.

Dennoch rückt die englische Heirat, und dies sogar als Doppelhochzeit Wilhelmines mit ihrem Londoner Vetter und ihres Bruders Friedrich mit seiner englischen Cousine Amalie, in greifbare Nähe. In Herrenhausen wird man sich über eine Doppelhochzeit einig. Sophie Dorothea erhält von Friedrich Wilhelm I. den Auftrag, von Georg I. nunmehr den Termin für die Verlöbnisse festsetzen zu lassen. Doch Georg weicht aus – eine Heirat seines Enkels Friedrich mit seiner Enkelin Amalie, das sähe er wohl gern, aber weniger Neigung spürt er, Wilhelmine den Herzog von Gloucester an die Hand zu geben. Er kneift, beruft sich darauf, daß er das englische Parlament einweihen und befragen müsse.

August der Starke und Friedrich Wilhelm I. verstanden sich glänzend: Sie gründeten gemeinsam die „Gesellschaft zur Bekämpfung der Nüchternheit"!

Darauf sichert sich Friedrich Wilhelm bei Kaiser Karl VI. ab und schließt mit ihm hinter Englands Rücken ein geheimes Abkommen. Es ist das Werk des Grafen Seckendorff, ebenso elegant wie hochintelligent und verschla-

Georg I., König
von Großbritan-
nien, als Georg
Ludwig Kurfürst
von Hannover,
gemalt 1715 von
Godfrey Kneller

gen. Er erkundigt sich, wieviel Bestechungsgeld die eine
oder andere europäische Macht am Berliner Hof zahlt, um
dann jeweils mehr anzubieten.

1723 reist Georg I. nach Berlin. Der englische König re-
sidiert im Schloß Charlottenburg. Er ist gekommen, um
Wilhelmine selbst in Augenschein zu nehmen. Das ist

wörtlich zu verstehen. Der wortkarge Georg umarmt Wilhelmine bei der Begrüßung kühl und kurz. Danach neigt er den Kopf zur Seite und sagt: „Sie ist ziemlich groß!" Es folgt eine lange Pause.

Die Hofgesellschaft scheint verwirrt. Das steigert sich bei der nächsten Bemerkung: „Ist sie immer so melancholisch?" Zur Bestürzung wird es gar, als Georg zu einer Kerze greift, sie der 14jährigen so dicht unter die Nase hält, daß sie erschrocken zurückweicht. Danach umkreist er Wilhelmine mehrmals – dabei die Kerze von oben nach unten führend –, um sie schweigend abzuleuchten.

Doch Georg sieht an diesem Tag nicht, was er sehen will. Deshalb schickt er später eine seiner Hofdamen nach Berlin. Vor ihr muß sich Wilhelmine völlig entkleiden. Am Londoner Hof hält sich nämlich hartnäckig das Gerücht, die preußische Prinzessin sei verwachsen, ihr Körper von Blatternarben entstellt. Sie sei jähzornig, habe täglich derartige Wutausbrüche, daß sie epileptischen Anfällen nicht unähnlich seien.

Was die körperliche Beschaffenheit der 14jährigen anbelangt, kann ihr die Lady von der Themse nur testieren, daß sie „ein wenig dicklich" sei. Dem aber hilft die auf der Heirat versessene Königin ab, indem sie Wilhelmine derart schnüren läßt, daß sie nur noch mit Mühe Luft holen kann und kaum zu essen und zu trinken vermag. Die Folter zur Erlangung einer Krone wird ergänzt durch härtesten Benehmensdrill.

Das alles bewirkt wachsenden Abscheu gegen das englische Königshaus und den in Aussicht genommenen Brautgemahl, den sie bisher noch nie zu Gesicht bekam. Gegen die Königin aber sammelt sich in ihr Trotz, Abneigung, Widerstand, vor allem aber Entfremdung.

Es geht noch eine ganze Weile so weiter, das englisch-preußische Heiratsdrama mit grotesken Passagen und einem Schuß Komödie, bis – wie aus einem Hut gezaubert – der Erbprinz von Bayreuth auf die Szene tritt. Preußens Königin wird den Traum ihres Lebens begraben, der fast so etwas ist wie ein Glaubensbekenntnis.

Das zerbrochene Herz

„Ich werde jetzt den Schurken
von Fritz und die infame
Wilhelmine überführen können.
Die Beweise sollen mir nicht fehlen, um sie köpfen zu lassen."

(Friedrich Wilhelm I. nach dem
Fluchtversuch des preußischen
Kronprinzen Friedrich)

*S*ie schreibt in Todesangst. Tage- und nächtelang. Es sind Hunderte von Briefen. Jeder ist an ihren Bruder gerichtet, an Preußens Kronprinz Friedrich. Es ist der 25. August 1730. Zwanzig Tage ist es her, daß Friedrich den alle Fürstenhöfe Europas in Erstaunen versetzenden, schlecht vorbereiteten Versuch unternommen hatte, eine Reise seines Vaters zu nutzen, um zu seinem Onkel, Englands König Georg II., zu fliehen. Georg hatte ihn allerdings ermahnt, „im Augenblick nichts zu unternehmen", vor allem aber „an die internationalen Folgen" einer derart spektakulären Flucht zu denken.

Wilhelmine weiß in diesen späten Augusttagen nicht, ob Friedrich noch lebt. Immer wieder hatte sie ihn beschworen, den Fluchtplan aufzugeben, all die fast täglichen Demütigungen durch den König zu ertragen. Sie sind so schlimm, daß Friedrich Wilhelm selbst sagt: „Wäre ich von meinem Vater so behandelt worden, ich hätte mich erschossen!"

Der letzte Anstoß zur Flucht war eine erneute schwere Mißhandlung. Dabei hatte Friedrich Wilhelm in einem seiner gefürchteten Anfälle von Zorn versucht, seinen Sohn zu erdrosseln, wie Friedrich seiner Schwester klagt. Nur der durch die Hilfeschreie herbeigeeilte Kammerdiener habe das Schlimmste verhindert.

Nun ist alles aus. Die Flucht ist mißglückt. Im Berliner Schloß zittern die Königin und Wilhelmine vor der Rückkehr des Königs. Beide treibt die Sorge um, er könnte sie als Mitwisser der Flucht oder gar als Fluchthelfer verdächtigen. Was im Falle Wilhelmines ihren Tod, bestenfalls noch eine lebenslange Festungshaft oder die Abgeschiedenheit in einem Kloster bedeuten könnte.

Es gibt Zeugnisse, die den Verdacht des Königs zu erhärten scheinen. Etwa 1.500 Briefe Wilhelmines und ihrer Mutter an den Kronprinzen waren, säuberlich geordnet, in einer Schatulle des inzwischen inhaftierten Leutnants Hans Hermann von Katte verwahrt. Katte, der engste Vertraute des Kronprinzen, hatte ihn zwar gleichfalls gewarnt, Friedrich dann aber doch bei dem Fluchtversuch geholfen.

Sie haben Glück im Unglück, Wilhelmine und die Königin. Wohlgesonnene Freunde Kattes lassen ihnen aus der beschlagnahmten Habe des Leutnants die versiegelte Schatulle mit den Briefen auf geheimnisvolle Weise zukom-

Theodor Fontane schrieb bei seinem Besuch der „Ruhestätte dieser von Katte" 1867 mit wohligem Schaudern: Der äußere Sarg von Hans Hermann existiere nicht mehr, aber dafür „der eigentliche, vielleicht der, in den man ihn in Küstrin gelegt hatte, eine bloß zugeschrägte Kiste mit einem flachen Deckel".

men. Die Briefe aber sind Sprengstoff. Er ist geeignet, nach vielen Seiten hin zu explodieren. Da finden sich meist mit Zitronensaft geschriebene Briefe, die Friedrich erst über Feuer lesbar machte. Es sind Briefe Wilhelmines. Darin läßt sie auch an ihrer Mutter kein gutes Wort. Da gibt es Schreiben der Königin an ihren Sohn, in denen ohne große Umschweife gegen den König konspiriert wird. Sie hat recht, die leidgeprüfte Prinzessin Wilhelmine, wenn sie ihrer Mutter sagt: „Wenn der König die Briefe liest, verliere ich den Kopf." Und die Königin ergänzt: „Ich meinen auch."

Wie gesagt – sie haben Glück. Die Schatulle ist in ihrem Besitz. Doch man weiß davon und: Das Behältnis ist mit dem Wappen Kattes versiegelt. Es wird überlegt, die Schatulle einfach verschwinden zu lassen, ihren Inhalt zu verbrennen und dem König zu sagen, man habe sie für belanglos gehalten. Es ist Wilhelmine, die schließlich die Idee hat, das Beweisstück zu öffnen, die Briefe herauszunehmen, sie zu verbrennen und an ihrer Stelle neue Briefe mit unverdächtigem Inhalt hineinzutun.

*D*as Problem ist das Siegel, das aufzubrechen wäre. Dann geschieht fast Unglaubliches: Sie müssen den Kammerdiener Bock bitten, die schwere eisenbeschlagene Schatulle in das Zimmer der Königin zu schleppen und ihn in das Problem mit dem Siegel einweihen. Bock besieht es sich und stellt fest, daß er ein ihm gleichendes Siegel vier Wochen zuvor im Park von Monbijou gefunden und eingesteckt habe, um den Besitzer ausfindig zu machen.

Der Rest ist für den Kammerdiener Handwerk. Für Wilhelmine und ihre Mutter aber eine Fleißarbeit um ihr Leben. 500 Briefe schreiben die Damen. Dann geben sie auf.

Die Katte-Gruft in Wust im Jerichower Land: Hier endet Kattes Versuch, dem Kronprinzen bei der Flucht zu helfen. Der Soldatenkönig ließ ihn hinrichten.

64

Sie packen ihr Fälscherwerk, alt gemacht und zusammen-
gepreßt, in die Schatulle, stellen fest, daß sie noch zu leer
aussieht und werfen vieles andere zur Füllung hinein.

Am 27. August 1730, um sieben Uhr in der Frühe, trifft
der noch immer nicht zu beruhigende Friedrich Wilhelm I. im Berliner Schloß ein. Er eilt in sein Kabinett. Nur
die Königin traut sich zu ihm. Als er sie sieht, schreit er ihr
mit zornrotem Gesicht entgegen: „Ihr Sohn ist tot!" Dann
fragt er nach der Schatulle mit den Briefen. Abermals brüllt
er. „Ihr Sohn ist tot!" Die Königin wird von Weinkrämp-
fen geschüttelt. Immer wieder schreit sie so laut auf, daß
es durch den ganzen Schloßflügel hallt.

Es bleibt beim Glück im Unglück. Der König bricht in seinem Zorn das manipulierte Siegel der herbeigeschleppten
Schatulle auf, ohne genau hinzusehen. Er reißt die Briefe
heraus, schleudert den restlichen Inhalt der Schatulle auf
den Boden und verläßt das Zimmer. Blitzschnell steckt die
Königin das falsche Siegel ein, um es in ihrem Zimmer zu
verbrennen.

Dann folgt eine Szene, die Wilhelmine später so
beschreibt: In den Räumen der Königin hätten sich die Kinder versammelt, um den heimgekehrten Vater zu begrüßen.
Wilhelmine: „Wir eilten alle herzu, ihm die Hand zu küssen. Aber kaum hatte er mich erblickt, als Zorn und Wut
sich seiner bemächtigten. Er wurde ganz schwarz im Gesicht, seine Augen funkelten und der Schaum trat ihm aus
dem Mund hervor. ‚Infame Kanaille!' rief er. ‚Sie wagt es vor
mir zu erscheinen? Fort mit ihr! Sie mag ihrem Schurken
von Bruder Gesellschaft leisten.' Mit diesen Worten pack-
te er mich bei der Hand und versetzte mir einige Faustschläge
ins Gesicht."

Einer dieser Schläge habe sie an der Schläfe getroffen. Sie
sei umgefallen, berichtet sie. Noch als sie am Boden lag,
habe der König versucht, auf sie einzuschlagen und sie zu
treten. Bis die Königin und Wilhelmines Geschwister eine
Art Schutzwall um die bewußtlose Prinzessin bildeten und
so den noch immer wütenden König abwehrten. Sie um-
klammerten seine Knie und „suchten ihn durch ihre Tränen zu erweichen".

Seine Freiheit wurde durch die Hochzeit Wilhelmines mit dem Markgrafen von Bayreuth erkauft: Kronprinz Friedrich.

Georg II.,
König von
Großbritannien
und Irland,
Sohn Georgs I.,
verstand sich
von Kindes-
beinen an nicht
mit Friedrich
Wilhelm I.
Auch deshalb
scheiterte
die geplante
preußisch-
englische
Doppelhochzeit.

Nachdem halbwegs Ruhe eingekehrt ist, der König sich wieder in der Gewalt hat, berichtet er, daß Friedrich noch lebt. Er habe aber die Absicht, ihn hinrichten zu lassen und Wilhelmine zeitlebens als Beteiligte an der Flucht „zwischen vier Mauern einzusperren".

Dabei hätte das Jahr 1730 Wilhelmines glücklichstes Jahr werden können. Nun war es das „allergrausamste". Der Traum ihrer Mutter von der Hochzeit Wilhelmines mit dem Prinzen von Wales hätte sich erfüllen können. Für einige Zeit war es jedoch nach dem Tod Georg I. – er starb bei Osnabrück an einem Schlaganfall – still geworden um die englischen Heiratspläne. Für Friedrich Wilhelm war Georg II., der neue englische König und Schwager, nur der „Rotkopf" aus Hannover, den er, als er noch ein Knabe und deutscher Prinz war, mehr als einmal verprügelt hatte.

*B*einahe wäre es in dieser Zeit sogar zu einem Krieg zwischen dem Kurfürstentum Hannover und Preußen gekommen. Was war geschehen? Während Georg I. viel Verständnis für die Liebe seines preußischen Schwiegersohns zu den riesigen Grenadieren aufbrachte und ihn auf hannoverschem Gebiet die „langen Kerls" – wenn auch nicht immer auf feine Art – anwerben ließ, hatte Georg II. dieses Verständnis offenbar nicht. Im Gegenteil: Nachdem preußische Werber wieder einmal hochgewachsene kräftige Bauernburschen aus dem Hannoverschen mit Gewalt entführt hatten, ließ Georg preußische Offiziere, obschon mit ordnungsgemäßem Paß versehen, festnehmen, um sie als Geisel zurückzuhalten.

Das ging nun Friedrich Wilhelm doch an die Ehre. Er zog 44.000 preußische Soldaten an der Grenze zum „Rotkopf" zusammen. Ein Krieg schien kaum noch vermeidbar. Schließlich siegte dann doch Friedrich Wilhelms Abneigung, seine ihm so teuren und schmucken Grenadiere auf einem Schlachtfeld hinsterben zu lassen. So beendete im März 1730 ein Schiedsspruch den Konflikt.

Von nun an hegt man erneut Heiratspläne, initiiert durch Preußens Königin aus dem Hause Hannover. Der Londoner Hof schickt einen der angesehensten englischen Diplomaten, Charles Hotham, als außerordentlichen Gesandten nach Berlin. Man hat Sir Charles mit Bedacht ausgewählt. Er ist nämlich auch Oberst der berittenen Grenadiere seiner britischen Majestät.

Das macht Eindruck bei Friedrich Wilhelm, dem Soldatenkönig. Plötzlich ist ihm die Allianz mit England und Frankreich, untermauert durch eine preußisch-englische Doppelhochzeit, wieder eine Überlegung wert. Er spottet sogar über den Hof in Wien und über Kaiser Karl VI. als Verbündeten und trinkt auf das Wohl Georgs II.

Hotham hatte von seinem König den Auftrag, die preußisch-englische Doppelhochzeit endgültig festzumachen. Am 4. April 1730, zwei Tage nach des Engländers Ankunft, gibt Friedrich Wilhelm ein Festmahl für den Gesandten im Schloß Charlottenburg. Alles scheint zum Besten. Der König erhebt sein Glas und trinkt – während sein Minister Grumbkow, der ja im Auftrag des Wiener Hofes und mit Wissen des Königs eine Allianz Preußens mit England und Frankreich verhindern soll, grün vor Schreck wird – auf das Wohl seiner Tochter Wilhelmine und den Prinzen von Wales. Die ganze Tischgesellschaft steht auf und klatscht Beifall.

*N*och am gleichen Abend aber sorgt Friedrich Wilhelm bei seinem Ehrengast erneut für Verwirrung. Schon sehr gezeichnet vom übermäßigen Weingenuß, nimmt der König Hotham zur Seite und flüstert ihm zu, Wilhelmine sei häßlich und blatternarbig, ein kleiner Schönheitsfehler, der sie aber nicht hindern werde, dem Prinzen von Wales eine brave Frau zu sein. Lallend fügt er hinzu: Hätte der Prinz sie drei Jahre früher genommen, hätte er sie in einem besseren Zustand gekriegt. In Wahrheit hatte Wilhelmine erstaunlicherweise die Blattern ohne zurückgebliebene Narben überstanden.

Hotham weiß sich auf dieses Verhalten des Preußenkönigs keinen Reim zu machen. Der Engländer hat nur wenig Verhandlungsspielraum. Im äußersten Fall hat ihn sein Herr und König ermächtigt, die Hochzeit der Prinzessin Amalie mit Friedrich aufzuschieben, jedoch auf alle Fälle die Verlobung des Paares bekanntgeben zu lassen.

Was die Vermählung Wilhelmines mit dem Thronfolger anbelangt, geht London sogar so weit, auf eine Mitgift zu verzichten. Während der englische Hof seine Prinzessin Amalie mit einer Mitgift von 100.000 Pfund Sterling ausstatten will. Darüber hinaus bietet man an, Friedrich nach der Hochzeit und bis zu seiner Thronbesteigung zum Statthalter im Kurfürstentum Hannover zu machen.

Bei einem derartigen Angebot muß es schon ein schweres Geschütz sein, daß die Partei der Kaiserlichen am preußischen Hof – allen voran Friedrich Wilhelm von

Grumbkow und des Kaisers Gesandter Reichsgraf Friedrich Heinrich von Seckendorff – auffahren müssen, um Friedrich Wilhelm auf kaisertreuem Kurs zu halten.

Da wird zunächst Amalie, die in Aussicht genommene Schwiegertochter, herabgesetzt. Eine hochmütige, verwöhnte Intrigantin sei sie, die in Berlin das Zepter schwingen wolle. Doch das Argument, welches bei Friedrich Wilhelm immer sticht, ist, daß Friedrich, wie es Briefe beweisen, hinter dem Rücken des Königs versprochen hat, nie eine andere als Amalie zu heiraten. Er werde es dem „Rotzjungen" von Friedrich schon zeigen, wer darüber bestimmt, wer wen heiratet oder nicht. Seinem Zorn macht er Luft, indem er vor der Hofgesellschaft den Prinzen zu Boden wirft, ihn an den Haaren zerrt und mit völlig besudelten Kleidern zu einer Parade schleift.

Hotham wirft er bei seiner letzten Unterredung einen zerknitterten Brief Grumbkows vor die Füße, den der Gesandte ihm zuvor als Beweisstück des Grumbkowschen Intrigenspiels übergeben hatte. Danach springt Friedrich Wilhelm auf, stürzt zur Tür und knallt sie hinter sich zu.

Sir Charles empfindet das nicht nur als Beleidigung seiner Person, sondern zugleich seines Königs. Er beschließt abzureisen. Mag Friedrich Wilhelm noch so sehr um Verzeihung bitten, sagen, ihm sei die „Galle durchgegangen" und der Gesandte solle sich doch nicht so sehr haben um einen zerknitterten Brief.

Nehmen wir die zugeknallte Tür im Schloß von Berlin als dramaturgischen Paukenschlag zur Beendigung der preußisch-englischen Heiratsbemühungen. Mag die Königin auch danach noch weiter die Illusion pflegen, ihre Tochter Wilhelmine als Königin auf Englands Thron zu setzen und damit immer wieder für Verdruß sorgen.

*B*eginnen wir jenseits dieser Träume. Lassen wir auch jene traurigen Tage, Wochen und Monate hinter uns, in denen Wilhelmine nach dem Fluchtversuch ihres Bruders und seiner Festungshaft in Küstrin selbst wie eine Staatsgefangene bewacht und behandelt wird – wenn auch in ihren eigenen Gemächern. Vergessen wir auch schnell wieder den Tag, an dem die Prinzessin in ihrem ersten Brief nach Monaten den Vater anfleht, das heilige Abendmahl feiern zu dürfen. Der König läßt antworten, daß „die Kanaille von Tochter" dies tun dürfe, doch nur mit einem von ihm ausgewählten Geistlichen und allein in ihrem Zimmer.

Streifen wir auch nur kurz jenen Morgen, als man Wilhelmine vor die Wahl stellt, entweder den Erbprinzen Friedrich von Bayreuth zu ehelichen, dadurch die Freiheit ihres Bruders zu erkaufen und den Familienfrieden zu retten oder für immer und noch am gleichen Tag hinter Klostermauern zu verschwinden. Vergessen wir in diesem an Turbulenzen so reichen Jahr, daß ihr die Mutter daraufhin „ewigen Haß" schwört.

*E*ilen wir statt dessen der Zeit davon und halten erst wieder inne am 1. Juni 1731, dem Tag, an dem das Verlöbnis Wilhelmines mit dem Erbprinzen öffentlich bekannt gegeben wird. Dem König treten vor Rührung Tränen in die Augen, als sich das Paar gegenseitig die Verlobungsringe an die Hand steckt. Tränen beim König, Zorn bei der Königin. Sie ist doppelt verärgert. Empfindet sie es doch als Schikane des Königs, daß sie der Tochter zur Verlobungsfeier ihren gesamten Schmuck leihen muß.

Beginnen wir die Verlobungszeit des Paares mit einer Szene an der königlichen Abendtafel. Es werden kleine Zuckerherzen gereicht. Darin ist ein Zettel mit Versen eingebacken. Der Erbprinz nimmt eines der gereichten Herzen, gibt es an Wilhelmine weiter, um es in ihrer Hand zu zerbrechen und den Vers zu verlesen.

Die Königin, noch immer auf die englische Hochzeit erpicht, ist in diesen Tagen darauf bedacht, daß nur keine zarten Bande zwischen der Tochter und dem Prinzen entstehen. Sie könnten eine mögliche Entlobung verhindern. Deshalb ist sie ob des zerbrochenen Herzens außer sich vor Wut. Sie läßt Wilhelmine am nächsten Morgen kommen. Sie habe sich für ihre Tochter geschämt. Wie habe sie es zulassen können, daß „dieser Pinsel von Prinz" in ihrer Hand ein Herz zerbrechen durfte.

Auch dies gehört zur gleichen Szenerie: Als Wilhelmine – sie ist nun fest entschlossen, komme, was da wolle, diesen Prinzen zu heiraten – von der tobenden Mutter auf

Er wird schließlich Wilhelmines Gemahl: Markgraf Friedrich von Bayreuth. Das Gemälde wird Francesco Pavona zugeschrieben.

dem Weg zurück zu ihren Zimmern ist, trifft sie ihre Schwester Philippine Charlotte. Die ist, obwohl sieben Jahre jünger als Wilhelmine, schon verlobt. Offenbar jedoch nicht gerade glücklich. Dem jungen quirligen Königskind gedachte man den an Phlegma, Langeweile und

Trockenheit nicht zu überbieten den Prinzen Karl von Braunschweig-Bevern anzutrauen. Jetzt tröstet die kleine Schwester die große mit den Worten: „Wenn ich solch' einen Verlobten hätte wie Du, ich ließe die Königin brummen soviel sie will."

Als der Prinz aus Bayreuth Wilhemine in einer der wenigen Stunden, in denen sie miteinander allein sind, unter Tränen bittet, ihm zu sagen, was sie für ihn empfindet, er sie unter gar keinen Umständen unglücklich machen wolle, da ist ihre Antwort schon fast eine Liebeserklärung: Sie denke von ihm viel zu gut, schätze ihn viel zu sehr, um ihr einmal gegebenes Wort zu brechen. Dem schließt sie allerdings einen Vorwurf an. Der Prinz hätte – wie sie meint – nicht in den preußischen Militärdienst eintreten sollen. Wovon sie Nachteiliges für die künftige Ehe erwartet. Friedrich von Bayreuth hatte, um sich beim König beliebt zu machen, nicht nur die langen Nächte im Tabakskollegium auf sich genommen, sondern ihn auch noch um ein preußisches Regiment gebeten. Das bekommt er im fernen Pasewalk.

Den Hochzeitstag des Paares – es ist der 20. November 1731 – trüben zwei Begebenheiten. Am frühen Morgen wird Wilhelmine noch im Négligé zum König gerufen. Er erklärt ihr, daß sie, wie auch ihre Schwestern, auf ihre Erbansprüche aus den königlichen Allodialgütern – es sind die privaten Besitzungen der königlichen Familie – zu Lebzeiten ihrer Brüder verzichten müsse. Sollten aber die Brüder vor ihr sterben, würde sie wieder in ihr volles Erbrecht eingesetzt. Das beschwört sie vor den Ministern des Königs, „so wahr" ihr „Gott helfe".

Hatte Wilhelmine von dieser Gepflogenheit vorher gewußt, so ist sie nun von einem weiteren Erbverzicht überrascht. Sie soll auf das gesamte Erbe ihrer Mutter verzichten, falls die Königin sterben würde, ohne ein Testament zu machen. Wilhelmine weigert sich, das zu beschwören. Sie meint – und hat recht damit –, daß dies einer Enterbung gleichkommt. Doch schließlich – was bleibt ihr übrig, will sie nicht die ganze Hochzeit gefährden – beschwört sie den Verzicht.

Das zweite Ereignis, das einen Schatten auf die Hochzeitszeremonie wirft, ist das Intrigenspiel der Königin auch an diesem Tag. Sie eröffnet der Prinzessin, daß aus London ein Kurier unterwegs sei mit einer Nachricht, welche die Hochzeit mit dem Prinzen von Wales doch noch möglich mache. Lassen wir Wilhelmine davon selbst erzählen.

„Gleich nach der Tafel befahl der König, daß die Königin anfangen solle, mich zu schmücken. Sie wollte mich frisieren. Da sie als Kammerzofe nicht geschickt war, brachte sie es nie fertig. Die Hofdamen halfen ihr; aber kaum waren meine Haare auf einer Seite fertig, als die Königin sie wieder in Unordnung brachte, und dies geschah alles nur, um Zeit zu gewinnen in der Hoffnung, daß der Kurier (aus England) eintreffen würde. (...) Dies alles machte, daß ich wie eine Närrin angezogen wurde. Man hatte so lange an meinen Haaren gezaust, daß sie ganz platt gedrückt waren; ich sah aus wie ein kleiner Knabe, denn sie hingen mir alle ins Gesicht hinein. Man setzte mir die Königskrone auf und 24 faustdicke Locken. Also wollte es die Königin. Ich konnte meinen Kopf nicht gerade halten; er war zu schwach für ein so schweres Gewicht. Mein Kleid bestand aus einem sehr reichen golddurchwirkten Silberstoff, und meine Schleppe war zwölf Ellen lang. Ich erstickte schier in diesem Aufzug." Und ihr steht noch ein langer Tag bevor.

Rittersaal im Berliner Stadtschloß, historische Aufnahme vor 1914

Bayreuther Hofspiele

„Ich war wie das Schaf unter
die Wölfe, mitten unter böse
und gefährliche Unmenschen
an einen Hof geraten, der eher
ein Bauernhof zu nennen war."

(Wilhelmine in ihren Memoiren
über den Hof von Bayreuth)

Berlin am 20. November 1731. Nun jenes Hochzeitsfest, das bis auf Wilhelmine selbst und den Erbprinzen niemand gewollt hatte. Friedrich Wilhelm I. nicht, der diese Vermählung erzwungen hatte. Plötzlich aber nun doch der Meinung war, seine Älteste teurer hätte verheiraten zu können. Wilhelmines Mutter nicht, die bis zur Brautnacht Wilhelmines ihren Traum nicht aufgeben wollte. Schließlich auch nicht der Markgraf Georg Friedrich Karl von Bayreuth, Wilhelmines künftiger Schwiegervater. Hatte er sich doch von der Einheirat seines Sohnes in das preußische Königshaus eine beachtliche finanzielle Hilfe für seine heruntergewirtschaftete Markgrafschaft versprochen, dabei aber den Geiz des preußischen Königs nicht bedacht. Der ließ sich die Sache mit seiner Tochter lediglich ein läppisches zinsloses Darlehen von 260.000 Talern kosten, rückzahlbar in jährlichen Raten von 25.000 Talern.

So mag man denn Wilhelmine folgen, wenn sie feststellt: „Meine Hochzeit war wirklich die sonderbarste Sache der Welt. So ward ich gegen den Willen der drei ausschlaggebenden Personen verheiratet und dennoch mit ihrem Einverständnis."

Wilhelmine, um 1745 von Alexander Roslin, ihrem Zeichenlehrer, gemalt

Die „sonderbarste Sache der Welt" vollzieht sich im Berliner Schloß. Friedrich Wilhelm, der wie kaum ein anderer König Rührseligkeit und Härte miteinander verband, Tränen der Freude und Zornesausbrüche, die der Tobsucht nahe waren, hat – trotz seines Mißmuts über die zu billig verkaufte Braut – ein glanzvolles Fest vorbereiten lassen. Eine ganze Flucht von Zimmern und Sälen, einschließlich einer 90 Fuß langen Bildergalerie mit Portraits des Königs und der Königin, des Kaisers und der Kaiserin, alle in Lebensgröße und silbern gerahmt, hat Friedrich Wilhelm herrichten lassen, sie mit Wandpfeilern zwischen den Fenstern oder Spiegeln aus massivem Silber versehen, mit silbernen Kronleuchtern schmücken lassen, deren größter allein einen Wert von 50.000 Talern hat. Wohin immer der Blick fällt: Silber über Silber. Alles an ihm, an diesem König der besonderen Art, dem Vater des preußischen Staatswesens, alles an ihm ist Überschwang. Wenn er darin auch zuweilen mittendrin innehält. So spart er bei all dem Prunk, den er sich in Dresden bei August dem Starken abgeschaut hat, bei der Festbeleuchtung. Er ließ die Leuchter mit den billigsten Fackeln bestücken. Das hatte Folgen.

Wilhelmine: „Es wurde ein erstickender Rauch erzeugt." Die Gesichter der Gäste seien immer schwärzer geworden, ebenso ihre Kleider.

Die Prinzessin und der Erbprinz erreichen den Trausaal zur gleichen Zeit. Dort ist ein Thronhimmel aus karmesinrotem Samt errichtet. Hier geben sie sich das Ja-Wort. Und während vom Schloßhof drei Kanonenschüsse abgefeuert werden, die der Stadt das feierliche Ereignis verkünden, zieht Friedrich Wilhelm einmal mehr sein riesiges Schnupftuch, um sich die Tränen zu trocknen.

*H*öhepunkt des Hochzeitstages ist der traditionelle Fackeltanz. Soll uns Wilhelmine selbst erzählen, wie dieses Zeremoniell „nach einer alten deutschen Etikette" abläuft: „Den Tanz eröffnen die Hofmarschälle mit ihren Kommandostäben. Ihnen folgen alle Generalleutnants der Armee. Jeder von ihnen trägt eine brennende Fackel. Das Brautpaar macht zwei Rundgänge im langsamen Schritt. Dann fordert die Braut einen Prinzen nach dem anderen auf. Anschließend bittet der Bräutigam jede Prinzessin zum Tanz. Dies alles geschieht beim Klang der Pauken und Trompeten."

Gleich nach dem Fackeltanz wird Wilhelmine – begleitet von der Festgesellschaft – in das Brautgemach geführt. Das Brautbett steht unter einem mit Perlen übersäten Baldachin aus rotem Samt.

Doch nun folgt all dem Glanz, all der Unbeschwertheit, die Bitternis. Die Königin, so will es der Brauch, hätte ihre Tochter auskleiden müssen. Das besorgen nun Wilhelmines Schwestern. Die Mutter ist nur bereit, ihr das Nachthemd zu reichen. „Sie hielt mich dieser Ehre nicht für würdig", schreibt die Prinzessin. Doch Ehre hin und Ehre her, die Königin ist selbst jetzt noch nicht bereit, die Hoffnung auf die englische Hochzeit aufzugeben. Für sie ist noch nichts verloren, solange die Ehe nicht vollzogen ist. Deshalb raunt sie der Tochter zu, in dieser Nacht dem Prinzen nicht zur Frau zu werden. So ließe sich die Ehe schnell und ohne Komplikationen wieder annulieren. Noch immer sei man in London an einer Vermählung mit dem englischen Thronfolger interessiert.

Wilhelmine aber ist nicht erst seit diesem Tag fest entschlossen, ihr Leben von dieser Nacht an mit dem Erbprinzen von Bayreuth zu verbinden. Diese Nacht beginnt noch einmal in ihrem Zimmer, wo sie der König nach der Entkleidung erwartet. Er läßt die Tochter niederknien, sie das Vaterunser beten und das Glaubensbekenntnis ablegen. Dann segnet er die Tochter, der er – wie ihrem Bruder Friedrich – Zeit seines Lebens nicht nahe zu kommen vermochte.

Die Hochzeitsfeierlichkeiten sind wohl für lange Zeit die wenigen glücklichen Tage des wahrlich leidgeprüften Königskindes. Doch davon ahnt Wilhelmine nichts. Ausgelassen tanzt sie sich durch die Ballnächte. Mitten in einem Menuett im großen Saal des Schlosses kommt Friedrich Wilhelm von Grumbkow, des Königs erster Minister, auf die Prinzessin mit den Worten zu: „Sie scheinen fürwahr von einer Tarantel gestochen! Sehen Sie denn nichts?" Wilhelmine hält inne beim Tanz, entdeckt „einen ganz in

Ort der
Hochzeit
Wilhelmines:
Galerie im
Berliner
Stadtschloß,
historische
Aufnahme
vor 1914

Grau gekleideten Jüngling". Grumbkow zur verwirrten Wilhelmine: „Aber Prinzessin! Umarmen Sie ihn doch! Es ist der Kronprinz!"

Erst als sie sich ihrem Bruder Friedrich nähert, erkennt sie ihn. Nun ist sie nur noch die liebende Schwester, die dem Bruder um den Hals fällt. Jenem Bruder, den der König nach dessen Flucht beinahe hätte hinrichten lassen, den er auf der Festung Küstrin einkerkern ließ und der nur deshalb frei ist, weil der König versprach, ihm den weiteren Kerker zu ersparen, wenn Wilhelmine sich bereit finden würde, den Erbprinzen von Bayreuth zu ehelichen. Nun rennt sie auf den König zu, um ihm die Hän-

Blick in den
Inneren Hof
des Berliner
Schlosses.
Kolorierter
Kupferstich
von Thomas
Bowles nach
einer Zeichnung
von Morier,
um 1750

de dafür zu küssen, daß er Wort gehalten hat. „Sind Sie zufrieden mit mir?" fragt Friedrich Wilhelm. Sie nimmt den
Bruder an die Hand und bittet den König: „Schenken Sie
ihm wieder Ihre Liebe!"

Es seien Minuten der Freude gewesen, so groß, wie sie
sie niemals im Leben noch einmal empfunden habe, bekennt Wilhelmine. Und sie sagt es. Sie liebkost Friedrich,
findet die zärtlichsten Worte für ihn. Und sie ist enttäuscht. Der Bruder erwidert diese Gefühle nicht. Friedrich erscheint ihr „eiskalt". Er antwortet einsilbig. Als sie
ihm ihren Ehemann vorstellt, spricht er kein Wort mit
ihm. Mit einer Miene, die sie von ihm nicht kennt und

auf der sich Hochmut ab-
zeichnet, sieht er auf die
Festgesellschaft. Wilhel-
mine ist verwirrt. Zumal
auch die äußere Erschei-
nung des Bruders verän-
dert ist. Sein Gesicht
hat an Schönheit ein-
gebüßt. Er ist dick ge-
worden, sein Hals wirkt
außerordentlich kurz. All
das nimmt der Erschei-
nung ihre Jugendlichkeit.

Grumbkow, der sich in der
ganzen Verlobungszeit des Paares besorgt zeigte um die Prinzessin,
beobachtet die Veränderung des Kron-

Wechsel-
hafte Launen:
Wilhelmines
Bruder Friedrich
von Preußen

prinzen – auch die sehr schlecht gespielte Zuneigung gegenüber dem König. Er nimmt Wilhelmine zur Seite und
beschwört sie: „Bringen Sie um Gottes Willen den Kronprinzen dazu, daß er dem König ohne Umschweife und
aufrichtig begegnet." Friedrich – von ihr entsprechend ermahnt – erwidert, er sei, wie er immer gewesen sei. Doch
habe er seine Gründe, sich so zu benehmen.

Kaum jedoch ist Friedrich nach Küstrin zurückgekehrt,
beginnt einer der innigsten Briefwechsel einer Geschwisterliebe, die wohl ohne Beispiel ist. „Ich konnte Ihnen
meine Gefühle nicht so zeigen", schreibt er an die Schwester. „Ich hatte zuviel Rücksicht auf den König zu nehmen. Sollte ich jetzt die Freude haben, Sie wiederzusehen,
so werden Sie in mir einen Bruder finden, der sich nicht
scheut, seine zärtliche Liebe in voller Natürlichkeit zu zeigen, und Sie werden sehen, daß ich immer der Gleiche geblieben bin." In einem anderen Brief heißt es: „Noch nie
hat ein Bruder so zärtlich seine Schwester geliebt, noch
nie war eine Schwester so reizend wie die meine. Denken
Sie an einen Bruder, der nur für Sie lebt." Und schließlich
diese Worte: „Ich ziehe das Glück, von Ihnen geliebt zu
werden, allen Königreichen und Kronen der Welt vor,
und wenn ich einst der Verwesung anheimfalle, verlange
ich mir keine andere Grabschrift als diese: Mich hat meine Schwester geliebt."

Derweil gehen die Klatsch- und Intrigenspiele am Berliner Hof weiter. Vom frisch angetrauten Erbprinzen wird erzählt, er verbringe seine Nächte mit Wirtshausmägden. Wilhelmines Schwester, die an den Erbprinzen von Braunschweig-Bevern vergebene Philippine Charlotte, hält das nicht davon ab, dem Schwager schöne Augen zu machen. Was Wilhelmine, die nun in ihren Ehemann Verliebte, denn doch nervös macht.

*A*uch echte Sorgen gibt es in den Wochen nach der Hochzeit. Sie gelten der künftigen Finanzlage des jungen Paares. 14.000 Taler im Jahr will der König als Apanage geben, davon 2.000 für Wilhelmines eigene Hofhaltung. Wilhelmine rechnet sich vor, daß das zu wenig sei, um in einer Markgrafschaft ein Haus mit vielen Repräsentationspflichten zu führen. In ihrer Not wendet sie sich an Grumbkow. Der verspricht auch, darüber mit dem König zu reden. Dann macht sie den Fehler, ihrer Mutter davon zu erzählen, die nichts Eifrigeres zu tun hat, als den König einzuweihen. Er fühlt sich, was die Königin erwartet hatte, von Wilhelmine hintergangen. Die Strafe folgt prompt. Die Apanage wird auf 10.000 Taler jährlich gekürzt und die 2.000 Taler für Wilhelmine selbst werden gestrichen.

Aber auch Freudvolles geschieht in diesen Wochen. Am Neujahrstag des Jahres 1732 fällt Wilhelmine in der Kirche während einer Andacht in eine tiefe Ohnmacht. Erst in ihrem Zimmer erwacht sie wieder. Um sie herum am Bett steht der halbe Hofstaat. Der Arzt, den man gerufen hatte, stellt fest, daß Wilhelmine schwanger ist. Den Jubel über diese Nachricht nimmt sie nicht mehr wahr. Sie ist erneut in Ohnmacht gefallen.

Als der König erfährt, daß er Großvater wird, kämpft er wieder einmal mit den Tränen. Am 11. Januar, als sie von Berlin Abschied nimmt, nutzt Wilhelmine die Gelegenheit zu einem Gespräch mit dem Vater. Er ist davon so tief berührt, daß er vor Schluchzen kaum sprechen kann. Reumütig bekennt er, stets ein falsches Bild von ihr gehabt zu haben. Man habe sich nicht gescheut, sie ihm als „böser als der Teufel" zu schildern. Und er gibt der Königin die Hauptschuld an dem Konflikt mit der Tochter. Er wolle das alles vergessen. Sie dürfe nun sicher sein, daß sie ihm „mehr als alle anderen am Herzen liegen" werde. Sein Versprechen sei ihm „heilig", sie künftig all seinen anderen Kindern gegenüber zu bevorzugen. Er ist für jede Überraschung gut, dieser ungewöhnliche König.

*W*ir sind auf dem Weg nach Bayreuth mit dem Erbprinzen und der Prinzessin. Man ist in Hof als Zwischenstation angelangt. Es ist die erste Stadt der Markgrafschaft. Sie trifft hier zum ersten Mal auf den Adel der Region. Man möchte es gleich zweimal lesen und dabei vor Vergnügen in die Hände klatschen – so hinreißend erzählt Wilhelmine. Mag sein, daß dabei mit ihr ein wenig die Lust am Fabulieren durchgegangen ist:

„Sie sahen alle aus wie Knecht Ruprecht; statt der Perücken ließen sie ihre Haare tief ins Gesicht hinein fallen, und Läuse von ebenso alter Herkunft wie sie selbst hatten in diesen Strähnen seit undenklichen Zeiten ihren Wohnsitz aufgeschlagen; ihre sonderbaren Figuren waren mit Gewändern behangen, deren Alter hinter dem der Läuse nicht zurückstand. Es waren Erbstücke ihrer Ahnen und vom Vater auf den Sohn übergegangen; die meisten waren dem Maß ihrer Ahnen zugeschnitten worden, und das Gold war so abgenutzt, daß man es nicht mehr erkennen konnte; dennoch waren dies ihre Galakleider, und sie dünkten sich in diesen antiken Lumpen zum mindestens ebenso imposant wie der Kaiser in der Tracht Karls des Großen."

Wilhelmine fährt fort, ihre groben Manieren hätten mit ihrem Äußeren „vollkommen im Einklang gestanden", so daß man sie „für Bauernlümmel hätte halten können". Als sei das alles nicht schon genug, hätten die meisten auch noch Krätze gehabt.

Ebenso grotesk ist Wilhelmines Beschreibung der „keuschen Gattinnen der Herren des Adels". Sie hätten gut zu ihren „lieben Männern" gepaßt: „Man stelle sich Ungeheuer mit Lockenfrisuren oder besser Schwalbennestern vor, denn sie trugen falsches, von Schmutz und Ungeziefer überzogenes Haar." Ihre Kleidung sei ebenso altertümlich gewesen wie die ihrer Männer. Das Ganze sei begleitet gewesen „von linkischen und oftmals ausgeführten Verbeugungen". Nie zuvor habe sie „etwas so Komisches" gesehen.

Elf Tage dauert die Reise durch eine Winterlandschaft. Oft geht Wilhelmine neben der Kutsche her, vor allem in bergigen Regionen, aus Angst, noch einmal unter die Räder des Gefährts zu geraten.

Am zweiten Tag der „Hochzeitsreise" war die Kutsche umgestürzt. Und zwar so – sie ist eben ein Unglückskind –, daß sie Wilhelmine „samt zwei geladenen Pistolen und zwei Koffern" unter sich begräbt. Doch sie bleibt unversehrt. Der Erbprinz sei „tödlich erschrocken" gewesen, und ihre Hofdame, das Fräulein von Sonsfeld, habe Wilhelmine für „tot gehalten" und ununterbrochen gemurmelt: „Herr Jesus, erbarme Dich unser." Es ist sechs Uhr am Abend des 22. Januar 1732, als man in Bayreuth anlangt. Unter Kanonendonner zieht das Erbprinzenpaar in die 7.000-Seelen-Residenz ein. An der Schloßtreppe empfängt Markgraf Georg Friedrich Karl die beiden gemeinsam mit seinen beiden Töchtern Charlotte und Wilhelmine.

*U*m vorauszuahnen, was dem preußischen Königskind an diesem Hof droht, seien hier kurz die drei beschrieben, von denen künftig wenig Gutes zu erwarten ist. Zuerst der Markgraf. Er ist – wie Wilhelmine berichtet – zu dieser Zeit 43 Jahre alt. Was auffällt, ist seine Magerkeit. Dazu kommen krumme Beine. Wodurch jegliche Grazie und Würde verloren geht. „Mit seinem kränklichen Körper verband er einen sehr beschränkten Geist", weiß Wilhelmine zu erzählen. Das alles aber ist nicht das Schlimmste. Sein Hauptfehler sei „seine Trunksucht". Er habe von morgens bis abends getrunken. Was seinen Geist wohl nicht gerade stärkte. Im Grunde sei er nicht böse. Wenn er sich auch Spione halte, die ihn „durch ihre verlogenen Berichte zu ungerechten Handlungen veranlaßten". Später allerdings will sie denn doch viel Böses in ihm sehen: „Voll Falschheit, Rachsucht, Geiz und Niedertracht." Tochter Charlotte findet Wilhelmine vollendet schön, doch „ganz und gar einfältig". Die Schwester Wilhelmine sei zwar

„schön gewachsen", aber nichtssagend, dabei gescheit, von „unerträglichem Hochmut, falsch, intrigant und kokett".

Man benötigt nicht viel Phantasie, um zu dem Schluß zu kommen, daß der Wechsel vom Berliner Hof zum Hof von Bayreuth ein Wechsel vom Regen in die Traufe ist.

Das gilt auch für die Gemächer, die man Wilhelmine zugedacht hat. Sie soll es selbst schildern: „Es führte ein langer, mit Spinnweben überzogener Korridor hin, der so schmutzig war, daß es einem ganz übel wurde. Ich trat in ein großes Zimmer, dessen Decke die Hauptzierde bildete." Die oberen Wandfriese „mußten einmal sehr schön gewesen sein". Jetzt seien sie so alt und verblichen, daß man nur noch mittels eines Mikroskopes hätte klug daraus werden können. Die Figuren seien in Lebensgröße gewesen, doch ihre „Gesichter so löcherig und verwischt, daß sie Gespenstern ähnlich sahen". Über das eine Kabinett heißt es, es sei mit „schmutzigem Brokat ausgeschlagen", das andere ist mit „durchstochenen grünen Damastmöbeln" bestückt. Sie seien so zerfetzt, daß überall die Leinwand zum Vorschein gekommen sei.

Der zukünftige Markgraf von Bayreuth 1731, dem Jahr seiner Hochzeit mit Wilhelmine

Nun aber das Schlafgemach unserer Prinzessin: „Mein Bett war so neu und so schön, daß es nach 14 Tagen keine Vorhänge mehr hatte, denn sie waren ganz verschlissen."

Dem Zustand der Zimmer entspricht die Kost am hoffnungslos verschuldeten Hof von Bayreuth. Das erste Abendessen nach der Ankunft besteht „aus verteufelten Ragouts und saurem Wein". Dicke Zwiebeln und Rosinen würzen das Ganze. Wilhelmine, die ohnehin unter ihrer Schwangerschaft zunehmend leidet, kämpft mit der Übelkeit und muß sich zurückziehen. Ihr ungeheiztes Schlafzimmer (im Januar!) empfängt sie mit unerträglicher Kälte bei zerbrochenen Fenstern. Sie hat Schmerzen und kann vor Kummer um ihre traurige Lage nicht in den Schlaf finden.

Es ist die erste Nacht der Bayreuther Trauerspiele. Ihr werden viele ähnliche Nächte folgen. Und der Erbprinz, ihr Gemahl? Er versucht, sie zu trösten. Sie schwärmt: „Ich liebe ihn leidenschaftlich!" Wenigstens das.

Die Suche nach dem Glück

„**W**as, zum Kuckuck,
wollen Sie auf dieser Galeere!
Freuen Sie sich Ihrer Ruhe
und Ihres angenehmen Daseins
in Bayreuth."

(Kronprinz Friedrich an seine
Schwester Wilhelmine vom
Sterbelager Friedrich Wilhelms I.)

*G*roße Könige sterben lange. Es ist der lange Abschied von der Macht, vom Glanz und Ruhm des Thrones, der so beschwerlich und so schmerzlich ist. In den letzten Tagen im Mai 1740 liegt Friedrich Wilhelm I. in Potsdam auf dem Sterbebett, droht der Schmerz ihn um den Verstand zu bringen. Um diesen Schmerz zu betäuben, nagelt er Tage und Nächte hindurch kleine Kästen zusammen. Das Bett und der hölzerne Rollstuhl sind übersät mit Werkzeugen. Manchmal flüchtet er sich in diesen Stuhl wie ein gepeinigtes Tier. Dann hebt wieder das Hämmern an, das alle im Schloß schaudern läßt. Nur ganz selten stellt sich für wenige Minuten bei dem sterbenden König die Gnade einer Ohnmacht ein.

Am 31. Mai, seinem Todestag, läßt sich Friedrich Wilhelm gegen sieben Uhr unter Aufbietung der letzten Kraft in seinen Rollstuhl fallen. Er befiehlt, ihn zur Königin zu bringen. Dort sagt er mit ruhiger und noch immer kräftiger Stimme: „Stehen Sie auf, Madame! Ich habe nur noch einige Stunden zu leben. So wird mir der Trost zuteil, in Ihren Armen zu verscheiden."

Schon seit zwei Tagen steht neben dem Bett des Königs auf dessen Wunsch der Sarg aus Eiche mit den kupfernen Griffen. Bis ins kleinste hat dieser König den Ablauf seiner Beisetzung durchdacht und niedergeschrieben. „Der Leichenwagen hält an der grünen Treppe, die Köpfe der Pferde nach dem Wasser zu", heißt es. „Oh Haupt voll Blut und Wunden" soll gespielt werden, wenn sich der Leichenzug in Bewegung setzt. Vorüber an seinem Regiment „zu einem letzten Gruß".

An einem dieser langen Sterbetage läßt er seine Generäle zu sich kommen, dirigiert seinen Rollstuhl an das Fenster. In den Hof hat man des Königs Pferde geführt. Sein liebstes Pferd steht ganz vorn. Der König wendet sich an den Fürsten Leopold von Anhalt, den alten Dessauer: „Sie sind der Älteste meiner Generale. Ihnen kommt daher das Beste unter meinen Pferden zu." Der Fürst kann vor Rührung die Lippen kaum bewegen. Friedrich Wilhelm versucht, ihm aus der Verlegenheit zu helfen: „Es ist das Schicksal eines jeden, der Natur den Tribut zu zollen."

Als ihm Johann Theodor Eller, der Leibarzt, eröffnet, daß die letzte halbe Stunde seines Lebens angebrochen sei, da läßt er sich einen Spiegel bringen, betrachtet darin sein

Wilhelmine, 1745 von dem Starporträtisten Jean-Etienne Liotard in Pastell gemalt vom Schmerz gezeichnetes Gesicht und meint, er werde wohl „mit einem bösen Gesicht" von der Welt gehen. Dann schaut er im Spiegel auf seine Brust, sieht die Flecken darauf, das allmähliche Verfärben der Haut. „Bis hierher bin ich schon tot!", stellt er ohne Bewegung fest, als ginge es um den Tod eines anderen.

Dann schließt der König die Augen, wendet den Blick nach innen, diesen Blick, dem einst nichts entging, weder das auf den preußischen Äckern zertretene Korn, noch die schiefe Montur eines Grenadiers. Die letzten Worte. Gesprochen, als sei er schon jenseits dieser Welt: „Herr Jesus, in Dir lebe ich, in Dir sterbe ich. Du bist mein Gewinn im Leben und im Sterben."

Die Königin und der Kronprinz, die Prinzen und Prin-

zessinnen, sie hören die Worte nicht mehr. Eller hatte sie hinausgeschickt.

Auch Friedrich, den diese Stunde zu Preußens König macht, wird einst lange brauchen, um zu sterben. Einsam wird er von der Welt gehen. Seine letzte Sorge, sie gilt dem Windspiel im Sessel neben dem Sterbebett. Er läßt dem Hund, den es zu frösteln scheint, eine Decke bringen. Es sind die Arme seines Kammerhusaren, die ihn, der nicht beten kann, halten. In den Armen dieses Soldaten flüstert er: „Der Berg ist überschritten. Nun wird es leichter gehen!" Es ist der Morgen des 17. August 1786.

Klaglos und in Würde haben sie die Welt verlassen. Bußfertig und mit Gott der eine, unversöhnt und ohne Gebet, voller Zweifel, der bis zum Abscheu reicht, der andere.

Friedrich, der am 31. Mai 1740 – gerade einmal 28 Jahre alt – preußischer König wird, er hat sich den Tod des Vaters mehr als einmal herbeigewünscht. Als 1735 sein Schwiegervater, der Herzog Ferdinand Albrecht von Braunschweig-Wolfenbüttel, stirbt, kommentiert das der künftige Preußenkönig in einem Brief an seine Schwester Wilhelmine mit den Worten, er sei „entzückt!". Der Herzog habe die Höflichkeit und den Geschmack besessen, rechtzeitig zu sterben, „um seinem Sohn ein Vergnügen zu bereiten". Friedrich spielt damit auf den eigenen Vater an, dem ein Jahr zuvor das Wasser den Schlag des Herzens zu nehmen drohte. Damals fiel in einem Brief an Wilhelmine der schlimme Satz: „Die Genesung des Königs wäre mein Verderben."

D er Vater hinterläßt dem Sohn einen geordneten, von Sparsamkeit, vom Fleiß und vom Pflichtbewußtsein seiner Beamten geprägten Staat, dazu wohl die beste Armee Europas. An diesem Vater, an dessen Härte ein Schwächerer zerbrochen wäre, an diesem Vater ist Friedrich gewachsen, wie auch Wilhelmine, die um drei Jahre ältere Schwester. Doch nie – im Gegensatz zu ihrem Bruder – war ihre Liebe zu einem Vater, der sie mit dem Tode bedrohte und hinter Kerkermauern stecken wollte, in Haß umgeschlagen. Nicht weil sie zum Haß nicht fähig ist, wie sie bekennt. Auch nicht, weil sie ihm in den Stunden seines rührseligen Überschwanges alles Leid, das er ihr antut, verzeiht, sondern weil sie ihn um das, was durch ihn geschieht, um Preußen stark zu machen, bewundert. Sie war wohl mehr, als es der Vater erkennen konnte, „sein Kind", mehr wohl, als es Friedrich war.

Und diesem Kind, das er wohl gern in seiner Sterbestunde nahe gewußt hätte und das selbst meinte, es müsse bei dem sterbenden Vater in Potsdam sein, um ihm „meine Ehrerbietung zu zeigen und meine Versöhnung mit ihm zu besiegeln", verweigert der Bruder den Abschied vom Vater.

Wie „eine kalte Dusche" traf es Wilhelmine. Das, was ihr Bruder schrieb, war für sie kaum faßbar. Sie glaubt, den Bruder nicht mehr wiederzuerkennen. „Was zum Kuckuck wollen Sie auf dieser Galeere? Man wird Sie hier wie einen Hund aufnehmen und Ihnen für Ihre schönen Empfin-

Malen als Schmerztherapie: Friedrich Wilhelm I. porträtierte sich während eines Gichtanfalls, um 1737.

dungen schlechten Dank wissen!" In jedem Wort scheint sich zu bestätigen, was ihr Daniel von Superville, einer der Ärzte des Vaters, berichtet hatte. Der Arzt habe „reichlich Zeit gehabt, Friedrich zu studieren". Er habe „ein böses Herz und einen schlechten Charakter". Er sei mißtrauisch, verstockt, maßlos selbstsüchtig, undankbar und lasterhaft. Ihm fehle jede Religion, seine Moral habe er sich selbst zurecht gerichtet. „Er geht nur darauf aus, die Leute zu verblenden."

Wer so über den künftigen König Preußens spricht, hat wohl mit Preußen abgeschlossen. Friedrich Wilhelm hatte den begabten Arzt zu der kranken Wilhelmine nach Bayreuth geschickt. Hier möchte er als Leibarzt der Markgräfin bleiben, um sich später dann in Holland niederzulassen. Mit dem Brief des Bruders vom Totenbett des Vaters, worin der Schluß steht „Freuen Sie sich Ihrer Ruhe und Ihres angenehmen Daseins in Bayreuth!", fürchtet die Schwester, daß Supervilles Urteil über Friedrich stimmen könnte. Um so mehr, als auch ihr Mann ähnlich über den künftigen König denkt.

*D*och gehen wir nun einige Jahre zurück. Fragen wir uns nach glücklichen Tagen dieser Prinzessin von Preußen. Hatte sie doch in der vom König erzwungenen Ehe mit Friedrich, dem Erbprinzen von Bayreuth, ihr Glück gefunden. Strahlend bekennt sie es: „Ich liebe ihn leidenschaftlich." Diese Liebe, die sie gefunden zu haben glaubt, sie trägt sie hinweg über die Intrigenspiele ihrer beiden Schwägerinnen, der Prinzessinnen Charlotte und Wilhelmine im Bayreuther Schloß.

Sie hält sogar die aus der Trunksucht ihres Schwiegervaters, des Markgrafen, herrührenden Ausfälle ihr gegenüber aus. Sie steht es durch, mit ansehen zu müssen, wie der Markgraf, mit dessen „kränklichen Körper sich ein sehr beschränkter Geist" verbinde, ihren Mann mit einem Stock zu verprügeln versucht, bis Wilhelmine dazwischen springt. Selbst die klamme Finanzlage ficht sie nicht an. Das einzige, was ihr Liebesglück überlagert, ist ihr wirklich miserabler Gesundheitszustand während der Schwangerschaft. Mehrmals ist sie dem Tode näher als dem Leben.

„Ich war halbtot", beschreibt sie ihren Zustand im Frühsommer 1732, wenige Monate vor der Niederkunft.

Lassen wir sie selbst erzählen: „Statt der häufigen Ohnmachten hatte ich nun Erstickungsanfälle. Dabei wurde
ich ganz schwarz im Gesicht. Die Augen standen mir heraus und da mir alles Blut zum Herzen drang, ging mir der
Atem völlig aus." Dennoch will sie zu ihrem Vater nach
Berlin. Der hatte ihr mit eigener Hand einen rührenden
Brief geschrieben. Er habe gehört, schreibt der König, „wieviel Verdruß" man ihr in Bayreuth bereite. Er sei sich sicher, daß sie nur aus diesem Grunde krank sei. Und dann
folgen Sätze, die der Prinzessin die Tränen in die Augen
treiben. Es sind Sätze, die sie von diesem Vater nie erwartet hätte: „Sie müssen hierher kommen zu Ihrem Vater
und zu Ihrer Mutter, die Sie lieben. Ich werde Ihnen entsprechende Gemächer in Bereitschaft setzen lassen, damit
Sie hier niederkommen können. Seien Sie versichert, daß
ich Ihnen meine Liebe beweisen und mein Leben lang für
Sie sorgen werde."

Mit dem „für Sie sorgen ein Leben lang" hatte der Vater
es offenbar nicht so ernst gemeint. Denn Wilhelmine hat
kein Reisegeld. Die tausend Gulden, die ihr der Schwiegervater nicht ohne Grollen gibt, reichen nicht einmal,
um die Hälfte der Reisekosten zu decken. So muß sie sich
das restliche Reisegeld leihen.

Man kommt aber nur bis Himmelskron, wo der Schwiegervater den Sommer verbringt. Es ist das Lustschloß des
Markgrafen unweit von Kulmbach. Das ehemalige Nonnenkloster sei schön gelegen und sehr wohnlich eingerichtet, erinnert sich Wilhelmine. Und auch daran, daß
sich der Markgraf samt Hofstaat „tagtäglich betrinkt". Man
sei nur auf „ihres Verstandes beraubte Betrunkene" gestoßen. Wilhelmine und der Erbprinz möchten weiterreisen. Doch es hilft nichts: Auf ärztliche Anordnung muß die
Prinzessin in Himmelskron bleiben. Der Leibarzt des Markgrafen von Ansbach, der Wilhelmine untersucht, prophezeit: „Königliche Hoheit, Sie werden in Ihrem Zustand nur
zwei Poststationen weiterkommen und Sie sollten gleich
einen Sarg mitführen."

Nach Bayreuth zurückgekehrt, von Schlaflosigkeit geplagt, von Beklemmungen und Atemnot, wird nach einem
Arzt geschickt. Dieser „Ignorantus, Ignorantior, Ignoran-

tissimus" habe ihr ein so starkes Medikament gegeben, daß „es mich fast ums Leben brachte". Es wird eine Fehlgeburt befürchtet.

Und dann auch noch dies: Der König, auf seiner Rückreise von Prag, wo er sich mit Kaiser Karl VI. getroffen hatte, macht Station in Bayreuth. Das wirbelt den ganzen Hof durcheinander, weil man nicht weiß, wie man den preußischen König und dessen Begleitung, dazu auch noch die Schwester Friederike mit ihrem Mann, dem Markgrafen von Ansbach, samt Gefolge in der Eremitage unterbringen soll.

Ziemlich mürrisch läßt sich Bayreuths Markgraf, Georg Friedrich Karl, nach Monplaisir, einer angrenzenden Meierei, umquartieren. Dafür rächt er sich später an Wilhelmine mit permanenter Unausstehlichkeit. Auch dafür, daß

1753 erfüllt sich endlich der Wunsch nach angemessener Repräsentation: Das Markgrafenpaar läßt das Neue Schloß in Bayreuth erbauen.

Preußens König ihm vorwirft, die Markgrafschaft Bayreuth heruntergewirtschaftet zu haben. Dann stellt er ihm die peinliche Frage, was er denn mit den 260.000 Talern angefangen habe, die er ihm aus Anlaß der Vermählung seiner Tochter mit dem Erbprinzen geliehen habe und wie und wann er nun gedächte, sie zurückzuzahlen. Beim Geld hört für Preußens Friedrich Wilhelm jeder Spaß auf. Schließlich verspricht der König, einen tüchtigen Berliner Beamten nach Bayreuth zu schicken, um dort nach dem Rechten zu sehen. Als „Gegengabe" erwarte er nun, daß seine Tochter Wilhelmine gleich nach der Geburt des Kindes nach Berlin kommen könne.

Diese Geburt – wie könnte es anders sein bei einem Geschöpf, dem das Unglück nachläuft wie ein Fluch und immer erst kurz vor der Katastrophe haltmacht –, diese Geburt hätte sie und das Kind beinahe umgebracht. Immer wieder verliert Wilhelmine das Bewußtsein, bis sie schließlich am 31. August von einem gesunden Mädchen entbunden wird. Man tauft es auf den Namen Friederike Sophie.

Der markgräfliche Großvater erhält als letzter die Nachricht von der Geburt seiner Enkeltochter. Er hatte sich, noch immer über Wilhelmine verärgert, nach Himmelskron zurückgezogen. Wilhelmine hatte vorgeschlagen, ihm die Nachricht von der Geburt durch den Oberkammerherrn von Voigt überbringen zu lassen. Der Markgraf lehnt das mit der Bemerkung ab, er werde genügend Kanonen zwischen Bayreuth und Himmelskron aufstellen lassen, um über eine derartige „Schuß-auf-Schuß-Kette" von der Geburt zu erfahren. Doch müssen die Kanonen des Markgrafen wohl nicht ausgereicht haben, um untereinander hörbare Abstände zu schaffen. So verhallte die Botschaft vom ersten Schrei der kleinen Prinzessin im Nichts.

Schon bald nach der Geburt befiehlt Friedrich Wilhelm I. seinem Schwiegersohn, zu seinem Regiment nach Pasewalk zurückzukehren. Aus ist es mit dem zarten Beginn einer Familienidylle.

*W*enig später, am 12. November 1732, reist auch Wilhelmine nach Berlin ab. Mit ihr reisen ihre Hofmeisterin, zwei Hofdamen und ihr Stallmeister von Seckendorf. Das Geld, das sie sich zum Teil für die erste Reise nach Berlin geliehen hatte, war für die Fahrt des Erbprinzen zu seinem Regiment nach Pasewalk draufgegangen. Wilhelmine muß nun auf ihr kleines persönliches Vermögen von 2.000 Talern – es ist ein Geschenk ihres Bruders – das sie verzinslich angelegt hatte, zurückgreifen. Die kleine Friederike bleibt in Bayreuth in der Obhut der Hofdame Flora von Sonsfeld, der Schwester von Wilhelmines Hofmeisterin. Diese junge Dame wird schon bald Wilhelmine und dem Erbprinzen viel Kummer, dem trunksüchtigen Schwiegervater dagegen viel Freude bereiten.

Schon jetzt aber mag man spüren: Mutterschaft, das ist für die Prinzessin nicht die Rolle ihres Lebens. So wird man bei der Lektüre ihrer Erinnerungen nur wenig über die Tochter erfahren. Immer deutlicher stellt sich heraus, daß so etwas wie Mutterglück Wilhelmine eher fremd ist.

Am 16. November abends kommt Wilhelmine in Berlin an. Trotz der rührenden Zeilen ihres Vaters hatte sie sich keine Illusionen gemacht. Weiß sie doch, wohin sie zurückkehrt. Doch was sie nun erlebt, obschon sie durch Stafetten ihre Ankunftszeit ziemlich genau angekündigt hat, läßt für den weiteren Aufenthalt im Schloß der Eltern wenig Gutes ahnen: Die Auffahrt zum Schloß – offenbar so inszeniert – ist stockdunkel und menschenleer. Als wollte sich ihr Körper gegen diesen Ort wehren, gelingt es ihr nur mit Mühe, aus der Kutsche zu steigen. Sie fällt der Länge nach hin, steht unter großer Anstrengung wieder auf, betritt dann die gleichfalls leere Schloßhalle. Erst als sie in einem der Vorzimmer zu den Gemächern der Königin steht, kommen ihr die jüngeren Geschwister entgegen. Weit und breit keine Spur von ihrem Mann, dem Erbprinzen. Den sieht sie im Audienzzimmer, wo sie die Königin erwartet. Wilhelmine fällt ihrem Mann um den Hals. Noch während sie ihn küßt, bittet die Königin die Tochter, allein mit ihr ins Kabinett zu kommen.

Der Ton Sophie Dorotheas duldet keinen Widerspruch. Dort stellt sie der völlig verwirrten Tochter die Frage: „Was wollen Sie hier?" Sie sei auf Befehl des Königs gekommen, antwortet die Tochter und setzt hinzu: „Außerdem, um meine Mutter wiederzusehen, die ich verehre und deren Abwesenheit mir unerträglich war."

Unbeeindruckt davon erwidert die Mutter: Jetzt werde die Tochter, anstatt ihre Armut in Bayreuth zu verbergen, aller Welt zeigen, wie dumm sie gewesen sei, einen Bettler zu heiraten. Die Begrüßung gipfelt in dem Satz: „Ich sehe voraus, daß Sie uns mit Ihren Klagen in den Ohren liegen und uns allen zur Last fallen werden."

Wie war das doch in dem Brief des Königs? „Sie müssen hierher kommen zu Ihrem Vater und zu Ihrer Mutter, die Sie lieben."

Auch der Vater empfängt sie am nächsten Tag nicht gerade mit offenen Armen. Sie habe sich „aber gewaltig verändert", sagt der König, nimmt eine Kerze zur Hand, um die Tochter anzuleuchten. Dann meint er: „Ja, ja, man sieht es, Sie haben nichts zu nagen und zu beißen und

Antoine Pesne um 1711: Dorothea Luise von Wittenhorst-Sonsfeld ging als Oberhofmeisterin mit Wilhelmine nach Bayreuth. Ihre Schwester Flora sorgte für Wirbel im markgräflichen Bayreuth.

ohne mich dürften Sie wohl betteln gehen!" Dann setzt Friedrich Wilhelm der Demütigung seines Kindes noch eines darauf: Zur Königin gewandt sagt er: „Geben Sie ihr manchmal ein Kleid", das arme Kind habe ja kein Hemd mehr auf dem Leib.

*W*ährend man in Berlin den Einzug des Kronprinzen mit der ihm zwangsvermählten Prinzessin Elisabeth Christine aus dem Hause Braunschweig-Bevern erlebt, knapp einen Monat später die Hochzeit Philippine Charlottes, der Schwester Wilhelmines, mit dem Prinzen Karl, dem Bruder der Kronprinzessin, feiert, geschieht Unerwartetes im Schloß von Bayreuth. Den Markgrafen, den Vater des Erbprinzen, und die Schwester der Hofmeisterin Wilhelmines, jene Flora von Sonsfeld, der die Prinzessin ihr Baby Friederike in Obhut gab, hatte die Weitläufigkeit im Bayreuther Schloß nicht daran gehindert, sich ineinander zu verlieben. Plötzlich sieht das Erbprinzenpaar in Berlin einen Berg von Erbschaftsstreitigkeiten auf sich zukommen, falls wahr ist, was man hört: Daß nämlich der Markgraf die feste Absicht hat, seine Flora zu heiraten.

*S*o kehrt man in aufgeregter Stimmung am 2. September 1733 nach Bayreuth zurück. Dort trifft Wilhelmine als erstes auf Flora von Sonsfeld. Die freut sich offenbar ehrlich, ihre Herrin wiederzusehen. Nichts ist ihr anzumerken. In Wilhelmines Erinnerungen heißt es: „Flora zeigte mir mein Töchterchen, das ich wahrlich nicht wiedererkannt hätte. Man hatte ihr allerlei kleine Fertigkeiten beigebracht, und ich darf sagen, es war das schönste Kind, das man sich denken konnte." Nun doch ein Hauch von Mutterglück?

Jetzt aber geht es darum, aus der Liebe des Markgrafen zu Wilhelmines Hofdame keine Ehe werden zu lassen. Die Schwester, Wilhelmines treue Hofmeisterin, die das alles nicht ohne Empörung zur Kenntnis nimmt, sie muß nun die Schwester ins Gebet nehmen. Es wird auch gedroht. Unter anderem damit, daß Flora sich nach preußischem Gesetz strafbar mache, weil Friedrich Wilhelm I. es allen reichen Erbinnen seines Landes verboten hat, sich außerhalb Preußens zu verheiraten. Wie schon gesagt, beim Geld hört für Preußens König jeder Spaß auf.

Die Liebe des bis zur Zartheit abgemagerten Markgrafen und der hinkenden, von den Blattern gezeichneten, einstmals sehr schönen Flora von Sonsfeld endet trotz allem nicht. Sie schafft für den Erbprinzen und Wilhelmine eine ständige Unruhe. Wie ein Unheil schwebt über den Nachtlagern der beiden die Frage: „Wenn sie nun auch noch schwanger wird?" Erst der Tod des Markgrafen im Jahre 1735 läßt sie, nun Markgraf und Markgräfin, wieder leidlich ruhig schlafen. Bis Wilhelmine die wohl schmerzlichste Enttäuschung ihres Lebens ereilt.

Die
Betrogene

„Ich habe den Vorzug,
das schönste Skelett
Europas zu sein, denn
ich bin fast durchsichtig."

(Wilhelmine an ihren
Bruder Friedrich II.)

*E*s ist der 26. Januar 1753. Wilhelmine, die älteste Tochter des preußischen Königs Friedrich Wilhelm I. und Markgräfin von Bayreuth, liegt wieder einmal schwer erkrankt im Bayreuther Stadtschloß. Die Markgräfin kann sich nur unter großen Schmerzen bewegen. Sie hat Erstickungsanfälle. Der Magen, der schon seit ihrer Kindheit revoltiert, läßt keinerlei Nahrung zu.

Da bricht plötzlich in dem Renaissance- und Barockbau des 17. Jahrhunderts, und das gleich an drei verschiedenen Stellen, gegen acht Uhr am Abend Feuer aus. In Windeseile frißt es sich voran, vor allem von dem Flügel aus, den ihr Mann, der Markgraf Friedrich, bewohnt. Dieser Teil des Schlosses wird mit seinem gesamten Interieur ein Opfer der Flammen. Alles flüchtet panikartig aus dem Schloß. Nur unter großen Mühen gelingt es, Wilhelmine aus ihrem Schlafgemach zu retten. Man schleppt sie durch brennende Zimmer, muß dabei immer wieder herabstürzenden, lodernden Balken ausweichen, bis man sie endlich im Freien hat.

Drei Tage dauern die Löscharbeiten. Sie verhindern immerhin, daß das Feuer auf die Stadt überspringt. Ein Flügel des Schlosses kann gerettet werden. Doch nicht eigentlich der Brand, nicht der Verlust vieler kostbarer Gegenstände, trifft die Markgräfin hart. Was wie ein Schock auf sie wirkt, sind die Begleitumstände der Katastrophe.

Die Menschen in der kleinen Residenzstadt, denen es elend geht in dieser chronisch armen und heruntergewirtschafteten Markgrafschaft, verdächtigen offen das Fürstenpaar, den Brand selbst gelegt zu haben. Vor allem Wilhelmine, die weit entfernt lebt von den Nöten ihrer Untertanen und alles andere ist als eine verständnisvolle Landesmutter, wird die Brandstiftung zugetraut. Man glaubt, sie wolle ihre inzwischen hochentwickelte Baulust mit der Errichtung eines neuen Stadtschlosses krönen.

Der Haß auf Wilhelmine und den Markgrafen ist so groß, daß die Bayreuther nicht einmal bereit sind, sich am Löschen des Brandes zu beteiligen. Im Gegenteil: Viele hoffen sogar, die Flammen mögen Bayreuth von seinem Fürstenpaar für immer befreien.

Wilhelmine selbst schreibt dazu an ihren Bruder Friedrich: „Am schmerzlichsten war uns der böse Wille der hiesigen Leute, die gar nicht helfen wollten, sich versteckten

Um 1750 ließ sich Wilhelmine von Antoine Pesne in Pilgertracht malen.

und fortliefen, um nicht arbeiten zu müssen." Nur das Mi-
litär, das Hofgesinde und die im Schloß lebenden Künstler, namentlich erwähnt Wilhelmine dabei den Sänger
Steffanino, hatten geholfen, das „Wenige zu retten, was
uns geblieben ist".

Worüber sich Wilhelmine am meisten freut, ist die Ret-
tung ihrer Kompositionen, der „zahlreichen, größten-
teils nicht gebundenen Noten", von denen „nicht ein Blätt-
chen" fehle. Da wird sie wieder deutlich, die dem Alltag
entrückte, der Kunst und der geistigen Welt zugewandte
preußische Königstochter, die Gründerin der ersten mark-

gräflichen Universität in Erlangen. „Ich bin zufrieden",
schreibt sie, „nur das verloren zu haben, was zum Prunk und
Dünkel diente, viele Schmucksachen und Kuriositäten."

Daß ihre Schauspieler und Sänger bis auf die Garderobe
alles verloren hätten, sei ihr „näher gegangen als der Verlust meines Schmucks."

Einen Monat nach dem Feuer bittet sie ihren Bruder um
eine Anleihe zum Wiederaufbau des Schlosses. Sie spielt
dabei auf Preußens Staatsschatz an, den Friedrich deshalb
natürlich nicht antasten solle, weil sie eine daraus entlie-
hene große Summe nicht auf einmal zurückzahlen könne,

falls der Staatsschatz plötzlich gebraucht werde. „Du hät-
test dann den Schaden davon", schreibt sie an den König.
Friedrich gibt sein Einverständnis zu einer Anleihe. Dabei
erwähnt er gleichfalls Preußens Staatsschatz: „Seit meines
Vaters Tod habe ich nie einen Heller aus dem Staatsschatz
für mich verwendet." Es ist wieder einmal eine versteckte
Kritik an der miserablen Finanzverwaltung der Markgrafschaft. Doch was für Wilhelmine zählt: 1753 beginnt der
Bayreuther Hofarchitekt Joseph Saint-Pierre mit dem Bau
des neuen Schlosses.

*E*inmal mehr wird deutlich, was Wilhelmine vom
ersten Tag ihrer Ehe an erfahren muß: Die Abhängigkeit des
kleinen Fürstentums vom großen Hof in Berlin. Dies gilt finanziell ebenso wie politisch. Das war unter ihrem Vater,
Friedrich Wilhelm I., so. Das bleibt auch so unter Friedrich.
Doch spielt der Bruder diese Abhängigkeit stärker und de-
mütigender aus, als es der Vater je getan hatte.

Schon im August 1740, gerade etwas mehr als zwei Monate nach seinem Regierungsantritt, kommt Friedrich
nach Bayreuth. Schon 1734 bei seinem ersten Besuch, als
er noch Kronprinz war, hatte er für das kleine Fürstentum
nichts als Spott bereit. Das gipfelte in der Bemerkung, den
ganzen lächerlichen Bayreuther Hofstaat einfach aufzulösen. Zu Wilhelmine gewandt, meinte er damals bei Tisch:
„Sie sind von Berlin her vier Gänge gewohnt, das ist mehr
als genug." Wenn er erst einmal König von Preußen sei,
werde er das Markgrafenpaar von Zeit zu Zeit nach Berlin
kommen lassen. Das erspare ihnen „die Tafel und den
Haushalt".

Wo war sie geblieben, diese so herzliche, nahezu einmalige Liebe der Geschwister aus den Kindertagen? Was war
aus dem Bruder geworden, der sie tröstete, wenn der Vater
sie wieder einmal gedemütigt hatte? Jetzt ist es der Bruder
selbst, der sie zu erniedrigen versucht.

Und auch dies macht die Schwester nachdenklich: War
es bei seinem ersten Besuch ein junger Leutnant aus der Begleitung des Kronprinzen, dem er so zugetan war, daß er
darauf bestand, ihn mit an die markgräfliche Tafel zu setzen, so ist es jetzt bei seinem ersten Besuch als König der

ebenso schöne wie geistreiche Freund Algarotti, ein Italiener, dem er offen seine Zuneigung zeigt. Aber auch Wilhelmine ist von Algarotti angetan und nennt ihn „einen der begabtesten Köpfe des Jahrhunderts". War sie doch immer groß im Schwärmen, diese Königstochter aus Berlin!

Sie spürt nun die Fremdheit, die sich auftuende Kluft zwischen ihr und dem Bruder. Es scheint ihr, als schäme sich Friedrich seiner armen Verwandtschaft. Sie findet ihren Bruder – auch äußerlich – „so verändert, daß ich ihn kaum wiedererkannte".

Aus welchen Gründen auch immer will Friedrich bei seinem kurzen Gastspiel in Bayreuth auch seine Schwester Friederike, die Markgräfin von Ansbach, und ihren Mann sehen. Als Friederike in Bayreuths Eremitage ankommt, behandelt er sie, die er nie sehr leiden konnte, mit überschwenglicher Herzlichkeit. Wilhelmine ist überzeugt, auch dies sei ein Schauspiel des Bruders, um sie zu demütigen.

Die Gastgeschenke des jungen Königs an die Schwestern und die beiden Schwager sind nicht gerade großzügig. Wilhelmine berichtet von einem Brillantschmuck, kaum mehr als 200 Taler wert, und einem Fächer mit einer Uhr. Der Markgraf bekommt eine Dose aus Gold mit dem Portrait Friedrichs in Brillanten gefaßt. Ähnliches erhalten Schwester und Schwager aus Ansbach.

Zwei Monate später, im Oktober 1740, sind Wilhelmine und der Markgraf in Berlin. Es ist ein bedrückender Besuch. Er beginnt schon damit, daß Friedrich die Schwester nicht empfangen kann. Das sogenannte Wechselfieber, es tritt alle drei Tage auf, fesselt ihn ans Bett. Schwer trifft die Markgräfin die Begegnung mit der Mutter, der Königswitwe Sophie Dorothea. Sie lebt nun ganz auf Schloß Monbijou. Weit ab hält sie der Sohn vom gesellschaftlichen Leben am Berliner Hof. Dabei hatte Sophie Dorothea gehofft, Friedrich würde sie als Ratgeberin an seine Seite holen. Die Mutter hatte sich gründlich getäuscht. Das teilt sie allerdings mit all jenen am Hof, die sich unter Friedrich als preußischem König goldene Jahre versprochen hatten.

So war der Vater kaum in seinem Sarg gebettet, als Friedrich mit dem Satz „Die Possen haben nun ein Ende" die Freunde in Rheinsberg, die Traumtänzer in einer Märchenkulisse, jäh in die Wirklichkeit katapultiert. Offenbar hatte Friedrich selbst die Wirklichkeit nie außer Acht gelassen.

„Innerlich so bewegt (...) wie fast nie in ihrem Leben", ist sie in diesen Berliner Tagen von der Bitterkeit der Mutter nach dem Tod Friedrich Wilhelms. Noch immer umgibt Sophie Dorothea tiefe Trauer. Trotz allem: die Mutter bleibt auch jetzt der Tochter fremd wie seit frühen Kindheitstagen. Wilhelmine ist versucht, ihr tröstend um den Hals zu fallen. Doch läßt die Fremdheit, die kalt zwischen ihnen steht wie eh und je, eine derartige Regung nicht zu. Dennoch wirft es sie 17 Jahre später fast um, läßt tiefe Verzweiflung aufkommen, als die Mutter 1757 stirbt.

Werfen wir in diesen Oktobertagen des Jahres 1740 einen Blick auf die Weltgeschichte. Am 20. Oktober stirbt in Wien Karl VI., der Kaiser des Heiligen Römischen Reiches und König von Ungarn und Böhmen. Die Regierung übernimmt die 23jährige Maria Theresia, seit vier Jahren mit dem Herzog Franz Stephan von Lothringen vermählt, der 1745 zum Kaiser gekrönt wird.

Friedrich in Berlin beschäftigt in diesen Herbstwochen die Frage, wie er den Thronwechsel in Wien nutzen kann, um unter fadenscheinigen Gründen Schlesien, die reichste österreichische Provinz, an sich zu reißen.

So endet denn am 14. Dezember das Wiedersehen der Geschwister. Gerade hatte Wilhelmine begonnen, sich – nach Aufhebung der Staatstrauer – in die Heiterkeit der Maskenbälle zu stürzen, da muß sie sich am Morgen einer Ballnacht von ihrem Bruder verabschieden. Preußens Armee überschreitet am 16. Dezember die Grenze nach Schlesien.

*E*s sei sein „Rendezvous mit dem Ruhm", das nun beginne, erklärt der junge Preußenkönig. Das „Rendezvous" wird begleitet von der vom Vater ererbten schlagkräftigsten Armee Europas und von prall gefüllten Staatskassen. Es wird ein militärischer Spaziergang. Schlesien ist von österreichischen Truppen völlig entblößt. Die hat man nach dem Krieg mit den Türken in Ungarn gelassen. Eine Armee, die sich im Zustand der Auflösung befindet. So kann Friedrich, nachdem er die Österreicher bei Mollwitz und später bei Chotusitz vernichtend geschlagen hat, am 28. Juli 1742 in einem Friedensabkommen sein „Rendezvous mit dem Ruhm" mit einem Sieg krönen und den Besitz Schlesiens mit nach Hause bringen. Europa aber sieht mit Staunen die Geburt einer neuen Großmacht in seiner Mitte.

Doch ist Friedrich der Raub Schlesiens zu leicht gefallen, um zu glauben, Maria Theresia würde sich mit dem Verlust abfinden. So sucht er nach dem Friedensschluß Verbündete für den Fall, daß ein wiedererstarktes Österreich sich seine schlesische Provinz zurückholen will.

Da nun einmal Eheschließungen zu den sichersten Bindungen im Mächtespiel der Staaten gehören, hat Friedrich die Idee, seine Nichte Friederike Sophie, die Tochter Wilhelmines, mit dem Herzog Karl Eugen von Württemberg zu vermählen. Der Herzog, dessen Mutter Maria Augusta nach dem Tod ihres Mannes die Regentschaft übernommen hat, ist zu diesem Zeitpunkt gerade 14 Jahre alt. Er wird am Berliner Hof erzogen. Seine Auserwählte hat er erst einmal gesehen und mit der damals Neunjährigen einen Nachmittag lang gespielt.

Doch man staune: Wilhelmine, deren unglücklichste Tage ihrer Kindheit jene waren, als man sie mit Englands Thronfolger verbinden wollte und die sich damals mit be-

Kaiserin Maria Theresia mit Kaiser Franz Stefan und ihren Kindern auf der Schönbrunner Schloßterrasse, Gemälde von Martin van Meytens

wundernswertem Mut widersetzte, diese gleiche Wilhelmine stimmt sofort zu, die Tochter dem Herzog anzutrau-
en. Immerhin läßt sie in den Heiratsvertrag die Klausel aufnehmen, daß er nur dann gelten sollte, wenn „beide Teile
in reiferem Alter sich auch zur Heirat geneigt" fänden.
Nun, sie fanden sich geneigt oder wurden sanft gezwun-
gen, sich geneigt zu zeigen, zumal Friedrich, der Onkel in
Berlin, die Mitgift für die Nichte übernehmen will. So wird
die 14jährige mit dem nun 18jährigen verlobt. Mutter, Vater und Onkel wissen, daß dies keine Musterehe werden
kann, die sie da anbahnen. Der Herzog gilt als frühent-
wickelter Herzensbrecher.

Friedrich, der Ehestifter, mutmaßt denn auch in einem
Brief an Wilhelmine: „Ich mache mir keine Hoffnung, daß
er meiner Nichte die Treue halten wird." Das muß schief-
gehen. Hinzu kommt nämlich, daß Friederike Sophie –
eigentlich nur von Hofdamen erzogen – widerspenstig bis
zum Jähzorn ist und von einer Eigenwilligkeit, der auch Wilhelmine nicht Herr zu werden vermag. Eine fast unerträg-
liche Arroganz rundet die Eigenschaften der Prinzessin ab.

So wird von dieser Eheschließung am 26. September
1748 als gelungenes Glanzstück eigentlich nur das Opernhaus übrig bleiben, das Wilhelmine aus diesem Anlaß
feierlich einweihen läßt.

*Wilhelmine
Dorothea von
Marwitz um
1738. Ironie der
Geschichte:
Das Gemälde
hängt in der
Freundschafts-
galerie im Alten
Schloß in der
Eremitage.*

*S*ie hat wirklich Großes geschaffen, die Markgräfin,
mit diesem Bau. Um eines der schönsten Opernhäuser
seiner Zeit zu errichten, hatte Wilhelmine den berühmten Theaterarchitekten Guiseppe Galli Bibiena, gemeinsam
mit dessen Sohn Carlo, nach Bayreuth geholt. Sie gestalten
eine atemberaubende Innenausstattung für das Haus. Die
erst später, Anfang der fünfziger Jahre fertiggestellte Außen-
fassade stammt von dem Bayreuther Hofarchitekten Joseph
Saint-Pierre.

Doch bleiben wir zunächst bei Friederike und ihrem
Herzog. Die Vergnügungssucht des jungen Mannes, von
der Wilhelmine geglaubt hatte, sie würde sich in der Ehe
ausleben lassen, kehrt – wie es bei Süchtigen nun einmal
so ist – mit noch größerer Heftigkeit zurück. Daran ändert
auch die Geburt einer herzoglichen Tochter nichts. Sie

wird auf die Namen Friederike Wilhelmine Auguste Luise Charlotte getauft. Doch ist keiner dieser Namen ein Glücksbringer. Die kleine Prinzessin stirbt wenige Wochen nach der Geburt.

Alles zwischen dem amourösen Herzog und Friederike endet 1756. Da hat die junge, 24jährige Herzogin das Eheleben endgültig satt. Sie läßt in Stuttgart alles, was ihr gehört, auf einen großen Wagen packen und kehrt zu Mutter und Vater nach Bayreuth zurück. Karl Eugen folgt ihr, um sie zur Rückkehr zu bewegen. Doch sie bleibt hart.

Die mißglückte Ehe der Tochter, der Tod ihrer Enkelin sind nicht die einzige Belastung Wilhelmines. Immer häufiger erkrankt sie und jedesmal trifft es sie schwerer. Seelische Bedrängnis mag dabei keine unbedeutende Rolle spielen.

Da ist es wohl hilfreich für sie, wenn sie Opern komponiert oder aus der Eremitage ein architektonisches Kunstwerk schaffen läßt. Ein solches Kunstwerk ist auch der von ihr angelegte Felsengarten Sanspareil, einer der ersten Landschaftsparks in Europa.

Da ist auch die Entfremdung vom Bruder in Berlin. Er verübelt es ihr, daß sie 1745 mit seiner Erzfeindin Maria Theresia zusammentrifft. Es geschieht, als Maria Theresia mit ihrem Mann, der im Oktober zum Kaiser gekrönt werden soll, auf der Reise nach Frankfurt durch die Markgrafschaft kommt.

Wilhelmine verhehlt nach diesem Zusammentreffen gegenüber ihrem Bruder nicht ihre Sympathie für die künftige Kaiserin. Sie zeigt sich angetan von deren äußerer Erscheinung. Sie sei blond, schlank, schön, voll Herzlichkeit und Temperament, weiß sie zu berichten. Es ist Gift, was sie da dem Bruder ins Gemüt träufelt und ihn immer weiter von ihr entfremdet.

Was aber Wilhelmine nahezu umwirft, ist die tiefe Enttäuschung, die ihr der Ehemann bereitet. Zunächst will sie alles einfach nicht wahrhaben, versucht es so lange zu verharmlosen, bis es nicht mehr aus der Welt zu denken ist. Der Markgraf hat sich in eine der Hofdamen Wilhelmines, die preußische Generalstochter Wilhelmine Dorothea von Marwitz, verliebt.

Lange, viel zu lange, versucht die Markgräfin, das Spiel einfach mitzuspielen. Sie übergeht all die Widerwärtigkeiten, die sie von ihrer Hofdame ebenso hinnehmen muß wie von ihrem Mann. In der so tugendhaften Wilhelmine bricht eine Welt zusammen. Enttäuscht und entmutigt muß die Betrogene feststellen, daß ihre Ehe – sie wird zwar fortbestehen – für immer zerstört ist.

Da hilft auch nicht, daß die Mätresse einen Grafen Burghaus heiratet, der in österreichischen Diensten steht und ihm nach vielen Widrigkeiten nach Wien folgt. Selbst eine spätere Reise des Markgrafenpaares durch Südfrankreich und Italien ändert an dem Bruch zwischen den Eheleuten

nichts. Gesundheitlich hilft die Reise Wilhelmine kaum. Wohl aber lädt sie die kranke Seele auf. Ob in Avignon, in Orange, in Rom oder in Florenz. Und überall wird sie bewundert und gefeiert als die Schwester des großen Friedrich, der allen wie ein neuer Stern erscheint.

Der „neue Stern" sieht sich ein Jahr nach der Reise Wilhelmines von halb Europa bedroht. Bevor noch Frankreich, Rußland und Österreich gegen ihn in den Krieg ziehen, marschiert Friedrichs Armee am 29. August 1756 in Sachsen ein, das sich gleichfalls der Koalition gegen Preußen zugesellt hatte.

Kaum ein Jahr darauf wird die preußische Armee bei Kolin besiegt. Die Niederlage ist furchtbar. Der noch nicht ein Jahr alte Krieg, der einmal der Siebenjährige Krieg genannt wird, scheint für Preußen zu Ende zu sein.

In seiner Not bittet Friedrich die Schwester über ihren Kammerherrn, den Grafen Mirabeau, zu versuchen, Frankreich zu einem Sonderfrieden zu bewegen. Es gelingt nicht.

Friedrich deutet ihr an, seinem Leben ein Ende machen zu wollen. Wilhelmine schreibt zurück, daß dann auch ihr Leben zu Ende sei. Wörtlich heißt es in dem Briefwechsel: „Das Leben ward uns von der Natur als eine Wohltat gegeben", schreibt Friedrich, „sobald es das nicht mehr ist, hört der Vertrag auf, und es steht jedermann frei, seinem Mißgeschick ein Ende zu machen, wenn er es für angezeigt hält." Wilhelmine antwortet: „Dein Schicksal wird auch über das meine entscheiden. Ich werde Dein Unglück und das meines Hauses nicht überleben. Du kannst darauf rechnen; es ist mein fester Entschluß."

Wilhelmine geht es in diesen Wochen immer schlechter. Sie leidet an Wassersucht wie einst der Vater. Nur in einem Rollstuhl kann sie sich fortbewegen, den sie tapfer ihren „Triumphwagen" nennt. Das Schlimmste sind die Schmerzen, die sie Tag und Nacht quälen und gegen die es kein Mittel gibt.

Man schreibt den 14. Oktober 1758. Es ist der schlimmste Tag des Siebenjährigen Krieges. Die österreichischen Truppen haben bei Hochkirch die ahnungslos schlafenden Preußen überfallen. Einem der grausamsten Massaker fällt ein Viertel der preußischen Armee zum Opfer. In Bayreuth stirbt in der gleichen Nacht Wilhelmine. Ohne Gebet und halbwahnsinnig vor Schmerzen.

Die Radierung, um 1780 von Andreas Ludwig Krüger angefertigt, zeigt den Tempel der Freundschaft, den Friedrich der Große zehn Jahre nach dem Tod Wilhelmines in Potsdam errichten ließ.

Bayreuth –
Der Glanz einer
preußischen
Prinzessin

Beatrice Härig
zur Baukunst in Bayreuth

Wilhelmine und der Zauber der Künste

Sie sehen alle aus wie Knecht Ruprecht, statt der Perücken ließen sie ihre Haare tief ins Gesicht fallen. (...) Ihre groben Manieren standen mit ihrem Äußeren vollkommen im Einklang", so erinnert sich Wilhelmine ihres ersten Eindrucks der Bayreuther Hofleute. Entgegen aller Versprechungen entpuppt sich Bayreuth für sie als Ort tiefster Provinzialität, als sie endlich 1732 nach den quälenden Heiratsintrigen am Berliner Hof ihre neue Heimat als zukünftige Markgräfin betritt. Es ist eine durch und durch politische Heirat gewesen, denn die Markgrafschaft – seit dem 13. Jahrhundert hohenzollerisches Territorium – wird für Preußen mit seinem zunehmenden Interesse an Süddeutschland immer wichtiger. Dies muß Wilhelmine nach der Thronbesteigung ihres Bruders auch schmerzlich erfahren. Bei ihm endet die Geschwisterliebe sehr schnell, wenn die Staatsräson Preußens gefährdet ist. Denn Bayreuth ist auch beim habsburgischen Kaiserhaus in Wien als Durchzugsgebiet von strategischer Bedeutung, und Friedrich beschuldigt Wilhelmine, die mit Wien in diplomatischem Kontakt steht, der Illoyalität. Im ersten Schlesischen Krieg ab 1740 ergibt sich sogar die Konstellation, daß der Markgraf – eigentlich in preußischen Kriegsdiensten stehend, als Reichsfürst aber von Wien abhängig – in seinem Land gegen die preußische Armee aufmarschieren lassen muß.

Es ist also nicht leicht für Wilhelmine. Was aber für sie noch viel schwerer wiegt, ist in Bayreuth die Abgeschnittenheit von der großen Welt. Sie, die das geistreiche Gespräch mit eloquenten und gescheiten Köpfen liebt, kann sich nur in Briefen austauschen, in Bayreuth droht sie „schier ein(zu)schlafen vor Langeweile". Was muß sie gelitten haben, als Kronprinz Friedrich bei einem Besuch 1734 in Bayreuth weilte und eine seiner Launen an ihr ausließ: Er „begnügte sich damit, alle spöttisch anzuschauen. (...) Er sprach nur, um sich über alles, was er sah, lustig zu machen, und über hundertmal die Worte ‚kleiner Fürst' und ‚kleiner Hofstaat' einzuflechten." Und: „‚Wenn Ihr Tor von einem Schwiegervater tot sein wird', sagte er ‚so rate ich Ihnen, Ihren Hofstaat aufzulösen, wie einfache Edelleute zu leben und Ihre Schulden zu bezahlen; Sie brauchen doch im Grunde nicht so viel Gefolge. (...) Sie sind von Berlin her vier Gänge gewohnt, das ist mehr als genug, und von Zeit zu Zeit werde ich Sie nach Berlin kommen lassen, auf diese Art sparen Sie dann Kost und Haushalt.'" Wilhelmine ist entsetzt: „Ich fiel wie aus dem Himmel, (...) und wußte nicht, ob ich träumte oder wachte". Denn eines ist klar: Sie als preußische Prinzessin wird alles unternehmen, um aus Bayreuth eine ihrem Stand gemäße, vorzeigbare Residenz zu machen. Und so setzt sie, nachdem sie 1735 Markgräfin geworden ist, in ihrer geistreichen Art ihre Pläne in Realität um: Bayreuth wird ein Musenhof.

„Nichts bringt den Menschen der Gottheit näher als die geistige Betätigung. Ich widme mich ihr so viel, als meine Gesundheit es zuläßt. Auch mit den Regeln der Baukunst habe ich mich etwas zu beschäftigen begonnen und baue prächtige Schlösser, die aber aller Wahrscheinlichkeit nach auf dem Papier bleiben werden. Dann komponiere ich eine neue Oper, deren Plan ich selbst entworfen habe. Den Vormittag widme ich der Physik und der Philosophie, und ein paar Nachmittagsstunden lese ich Geschichtswerke." So beschreibt Wilhelmine 1740 ihren Tagesablauf, und die Nachwelt kann froh sein, daß sie sich in einem Punkt irrte: Einige ihrer Schlösser und Architekturideen haben nicht nur auf dem Skizzenblock Gestalt angenommen. Der „Bauwurmb", der an den europäischen Adelshöfen im 18. Jahrhundert grassierte, machte auch vor ihr nicht halt. Ein Zeitgenosse schrieb: „Ich glaube, daß sie auf einem Thron eine berühmte Frau geworden sein würde (...), während sie jetzt nichts Großes findet, womit sie sich beschäftigen könnte. Sie gibt sich der Pracht hin, die für ihr Land zu groß ist und es ruiniert. Sie liebt das Außerordentliche, und damit ist alles gesagt." Für uns heute bietet sich als Konsequenz bei aller berechtigten Kritik an Wilhelmine die wunderbare Gelegenheit, in Bayreuth und Umgebung den Spuren einer barocken Welt auf einzigartige Weise folgen zu können.

Die Eremitage – Ein Traum wird Gestalt

Nach den drei langen Jahren als Erbprinzenpaar, in untergeordneter und finanziell stark eingeschränkter Stellung, eröffneten sich Wilhelmine nach dem Tod des Schwiegervaters im Jahr 1735 endlich neue Perspektiven. Von ihrem Geburtstag im Juli jenes Jahres erzählt sie: „Der Markgraf hatte mir prachtvolle Juwelen, eine jährliche Zulage und die Eremitage geschenkt. (...) Den ganzen Monat August hindurch war ich damit beschäftigt, die Wege nach der Eremitage instand setzen zu lassen, und legte eine Menge von Spazierwegen an. Täglich fuhr ich hinaus, und es machte mir Spaß, die Pläne selbst zu entwerfen und diesen Ort anziehend zu machen."

Mit ganzer Energie stürzte sie sich in die Aufgabe, diesen etwa acht Kilometer vom Bayreuther Stadtkern entfernten Ort nach ihren Vorstellungen um- und auszugestalten. Sie sollte schließlich etwa zwanzig Jahre bis Anfang der 1750er an ihrer Eremitage arbeiten. Den Park kannte sie gut, denn kurze Zeit nach ihrer Ankunft in Bayreuth hatte ihr Schwiegervater ihr ein Haus geschenkt, das direkt neben der Eremitage liegt. Sie verbrachte viel Zeit in ihrem „Monplaisir" und wußte die schöne Lage des Parks über der Bayreuther Stadt in den Ausläufern des Fichtelgebirges zu schätzen.

Markgraf Georg Wilhelm hatte hier von 1719 bis 1726 seine Eremitenspiele abgehalten: Die Hofgesellschaft fuhr für ein paar Tage hinaus und zelebrierte das einfache Klosterleben. Man kleidete sich in Mönchskutten, schlief in kahlen winzigen Zellen, aß mit einfachen Holzlöffeln, bereitete sich sogar das eigene Essen zu. In einem Waldstück verteilt lagen sieben Einsiedeleien und Waldkapellen. Das Schlößchen oberhalb der Eremitenhäuschen war wie eine vierflügelige Klosteranlage konzipiert worden. Um einen Innenhof lagen Mönchszellen. Lothar Franz von Schön-

Der Grottenraum im Alten Schloß ist mit über 200 Fontänen für überraschende Wasserspiele gerüstet.

born, Kurfürst von Mainz und Fürstbischof von Bamberg, staunte bei einem Besuch: „Man bauet zu bareith ein dolles eremitage."

Als Wilhelmine diesen Ort geschenkt bekommt, sind die Eremitenspiele – ein höchst barockes Gemisch aus höfischem Amüsement und symbolischer Ernsthaftigkeit –

Der Innenhof
des Alten
Schlosses in
der Eremitage
mit Blick auf
den Festsaal.
Links und rechts
sieht man die
Zugänge zu den
Mönchszellen.

längst vergessen. Sie möchte der Eremitage eine Atmosphäre beschaulicher Einsamkeit geben, sie zu einem Ort
der inneren Einkehr, einem Ort zum Nachdenken machen. Die vorhandenen Architekturen kann sie dafür gut
gebrauchen. An das Schloß werden zwei neue Flügel mit
je fünf Zimmern angebaut, die Nordseite erhält damit eine
repräsentativere Note. Seinen Ruinencharakter, geprägt
durch die unbehauenen Steine an den Fassaden und die
verfallen wirkenden Schornsteine, behält Wilhelmine jedoch bei. Die wesentlichen Bestandteile des Gebäudes, die
Mönchszellen, den Festsaal und die Grotte, läßt sie ebenfalls bestehen.

Mit der Grotte hat es eine besondere Bewandtnis: Zu den
Zeiten Georg Wilhelms betritt der Besucher durch sie das
Gebäude. Der Zugang wirkt wie der zu einem Keller, gänzlich ungewohnt für den barocken Menschen, der ein aus-
geklügeltes Zeremoniell auf weitläufigen Treppen ent-

wickelt hat. Durch einen düsteren, fratzenbesetzten Gang gelangt er schließlich in einen hohen Kuppelraum, der durchgehend grottiert ist. Die Wände sind mit Glasschlacken und Fabelwesen aus Muscheln besetzt, in Boden und Wände sind insgesamt 200 Fontänen eingesetzt, „so daß man", wie Wilhelmine schreibt, „die Leute, die umhergehen, leicht zum besten haben und bespritzen kann." Das Vergnügen können die Hausherren von Balkonen im Raum genießen. Aus der feuchten Grotte betritt der Besucher dann den von den Zellen gesäumten Innenhof und blickt direkt auf das Portal zum Festsaal, der in seiner ganzen Marmorpracht den Markgrafen verherrlicht. Wilhelmine gefällt offensichtlich dieser Initiationsweg, auch wenn man zu ihrer Zeit das Schloß ohne diesen anstrengenden Erlösungsritus – vom Dunkel ins Licht – betreten durfte.

*D*ie von ihr errichteten Kabinette erreicht man direkt durch das Nordportal und den Festsaal. Im westlichen Flügel hatte sie die Markgrafenzimmer eingerichtet, den östlichen Flügel benutzte sie selbst. Für die Zeit des Rokoko ist die Bedeutung der Innenausstattung sehr wichtig, und diese Domäne hat Wilhelmine äußerst kunstvoll beherrscht. In den Kabinetten entfaltete sie ihr eigenes Bildprogramm, hier konnte sie das erste Mal beweisen, daß sie auch in der Provinz architektonisch auf der Höhe der Zeit war und daß sie sich als gleichberechtigtes Mitglied des europäischen Hochadels fühlte. Für uns heute ist es nicht leicht, die Aussagen der Decken- und Wandgemälde, der Möbel, der Stukkaturen, Gemälde und Tapisserien zu entschlüsseln. Und Wilhelmine macht es uns besonders schwer. Sie wählte ungebräuchliche, entlegene antike Themen, um damit ihre Belesenheit unter Beweis zu stellen. „Vielleicht wird man es seltsam finden, daß ich all diese geschichtlichen Sujets zur Zierde meiner Plafonds gewählt habe, allein, ich liebe alles Spekulative; und alle historischen Vorwürfe, die ich hier wählte, stellen ebensoviele Tugenden dar, die man vielleicht durch Sinnbilder besser hätte darstellen können, die aber das Auge nicht so sehr erfreuen würden."

Den Markgrafenflügel läßt sie mit prachtvollen Decken-
gemälden mit Motiven aus den antiken Geschichten um
Alexander den Großen, den Perserkönig Artaxerxes I. und
Themistokles ausstatten. Diese berühmten Feldherren
sollten mit ihren Herrschertugenden dem vorbildlichen
Charakter des Markgrafen huldigen. Themen, die Wilhelmine übrigens auch gerne in ihren Opern, die sie anläßlich der Geburtstage ihres Gatten verfaßt, verwendet.

Ihre eigenen Zimmer sind vielfältiger in ihrem Symbol-
gehalt. Hier unterscheidet sie sorgfältig die Räume, die der
Repräsentation dienen, von ihren ganz persönlichen Auf-
enthaltsorten. Was zeigt, daß der propagierte Rückzug aus
der Stadt nicht allzu wörtlich gemeint ist. Wilhelmine, die
in diesem Schloß die meiste Zeit ihres Lebens verbringt,
wird hier einsamer sein, als ihr eigentlich lieb ist. Besonders brutal macht ihr das Wilhelmine Dorothea von Marwitz deutlich. Bei einem der Eklats wegen ihrer Liebschaft
mit dem Markgrafen sagt sie ihr ins Gesicht, sie solle nur
bei ihren philosophischen Büchern bleiben, die Eremitage sei doch der rechte Platz für sie, und dann fügt sie noch
ironisch hinzu, dort gebe es sogar richtige kleine Kloster-
zellen.

Vor- und Audienzzimmer sind mit hochpolitischen Themen versehen, verpackt in Zierat und Detail, wie es das Rokoko so liebt. Gefaßt in schwingenden Stuck, präsentieren
sich an Decken und in den Supraporten gewichtige Themen: „Die Errettung Roms durch den Heldenmut der Ma-
tronen", „Pallas Athene verbirgt Mars", „Chelonis und
Kleombrotus" und „Der Tod der Lukrezia". Durch alle Geschichten zieht sich als Leitfaden das Motiv der helden-
haften Frau, die sich zum Wohle des Staates opfert oder ins
Exil zieht. Überall finden sich Wappen, Kartuschen und
Embleme mit preußischen Verweisen, so daß endgültig
Klarheit über den Bezug auf Wilhelmines Leben geschaffen wird.

Die anschließenden Räume haben in ihren Aussagen
weniger Pathos und lassen auch für uns heute die Vorstellung von einer gewissen Gemütlichkeit aufkommen.
Sie sind zudem Schmuckstücke des Rokoko: Das Japanische Kabinett, das Musikzimmer und das Chinesische Kabinett. Hier wurden nur noch hoch- und nahestehende
Personen empfangen, gleichzeitig konnte sich die Haus-

herrin mit den exquisiten Ausstattungen repräsentieren. Und Wilhelmine hatte wirklich kostbare Dinge zu zeigen: Im heiteren Japanischen Kabinett ließ sie nach vier original ostasiatischen Lacktafeln die übrigen im gleichen Stil kunstvoll nacharbeiten. An der Decke sitzt Wilhelmine im Lotussitz als asiatische Herrscherin. Eigenhändig hat sie einige der Lackarbeiten angefertigt. Im Chinesischen Kabinett wurden um 1750 die Wände und die Decke mit Spiegelscherben und Specksteinfiguren beklebt – eine Chinoiserie, die in dieser Form trotz grassierender Chinamode an den europäischen Höfen zuvor noch nicht gestaltet wurde. Und das Musikzimmer mit den Porträts all ihrer Freundinnen und Hofdamen – vorwiegend Gemälde des preußischen Hofmalers Antoine Pesne – und den stuckierten Musikinstrumenten an der Wand sowie dem

Das Japanische Kabinett im Alten Schloß „mit japanischer Täfelung, ein Geschenk meines Bruders; sie hat große Summen gekostet und ist, glaube ich, in ihrer Art die einzige, die es in Europa gibt".

Orpheusrelief an der Decke stellt in seiner Leichtigkeit ein besonders gelungenes Rokoko dar.

Drei Räume, die trotz aller Intimität durchaus ihren Hintersinn haben: „Wer hätte je geglaubt, daß es ein Volk auf dem Erdenkreis gibt, das uns (...) mit seinen Regeln für ein zivilisiertes Leben dennoch überlegen ist?" fragte 1697 Gottfried Wilhelm Leibniz und beleuchtete damit den Hintergrund der manischen Chinamode. Die Chinesen, worunter man großzügig von Indien über Persien und die Türkei bis Japan alle östlichen Völker verstand, galten als friedfertig und tolerant, die Europäer hingegen vergrößerten durch ihre immer gegenwärtigen Kriege das Elend der Menschen. Und auch Orpheus, der mit seiner Musik die wildesten Tiere zähmt, schafft einen paradiesischen Zustand des Friedens auf dieser Welt.

Von diesem Zustand ist die reale Welt allerdings noch weit entfernt, denn liest man Wilhelmines Memoiren, die sie hier im Alten Schloß der Eremitage ab 1742 in ihrem Arbeitszimmer – dem späteren Spiegelscherbenkabinett – verfaßte, so scheint sie von himmlischem Frieden, Glückseligkeit und ewigen Freundschaften auf dieser Erde nicht viel zu spüren.

Das Musikzimmer: Hier hängen „Bildnisse mehrerer Schönheiten, die ich gesammelt habe und die von den besten Malern stammen".

Das Chinesische Kabinett: In diesem Raum schrieb Wilhelmine ihre Memoiren.

*D*och nicht nur im Alten Schloß in der Eremitage gibt es viel zu sehen, wenn man seine Sprache zu lesen weiß. Die gesamte Parkanlage bietet immer wieder Ein- und Ausblicke, die durch wunderschön arrangierte Motive sowohl die Augen als auch den Verstand des gebildeten Menschen durch Bezüge auf die Antike und die Epoche der Aufklärung erfreuen sollten. Lassen wir die einmalige Gelegenheit, daß die Gestalterin selbst ihr Werk beschreibt, nicht verstreichen und zitieren wir Wilhelmine aus ihren Memoiren: „Am Eingang steht der Berg Parnaß, eine Halle, auf der man Apollo und die neun Musen Wasser ausgießen sieht; die Anlage ist so geschickt gemacht, daß man sie für einen wirklichen Felsen halten könnte. Auf der andern Seite gewahrt man eine Baumgruppe, die zu einem anderen künstlichen Felsen und sieben Fontänen führt; vor der Front des Hauses ist ein kleines, blumenbesätes Beet, und am Rande desselben strömt eine scheinbar dem Felsen entspringende Kaskade den Berg hinab, wo sie in ein weites Bassin hineinstürzt; zu beiden Seiten ziehen sich hier hohe Linden entlang, und es sind Stufen angelegt, um bequemer hinabsteigen zu können. Unterwegs gibt es zwei Ruheplätze mit Grasbänken und einer Fontäne im Mittelpunkt; an den Seiten des Hauses ziehen sich zehn dichte Lindenalleen entlang, so daß die Sonne nie durchscheint. Jeder Waldweg führt zu etwas Neuem, meist zu kleinen Eremitagen, die alle voneinander verschieden sind. Die meine gewährt den Ausblick auf die Ruinen eines Tempels; sie sind nach dem Vorbild altrömischer Mauerreste errichtet; und ich habe sie den Musen geweiht. Man findet dort die Bildnisse aller berühmten Gelehrten der letzten Jahrhunderte wie Descartes, Leibniz, Locke, Newton, Bayle, Voltaire, Maupertuis usw. Neben dem kleinen kreisförmigen Salon liegen zwei Zimmerchen und eine kleine Küche, die ich mit antikem Porzellan nach Raffael ausstattete.

Von diesen Zimmerchen aus betritt man einen kleinen Garten, vor dem sich die Ruine eines Portals erhebt; der Garten grenzt an eine Laube, in die man sich bei großer Sonnenhitze zurückziehen und wo man ungestört lesen kann. Steigt man höher hinauf, so sieht man sich plötzlich vor einem Theater, dessen Pfeiler alle freistehen, so daß man hier eine Oper unter freiem Himmel aufführen kann."

Vorgefunden hatte Wilhelmine einen verwilderten Park. Unter ihr aber entstand eine Naturwelt mit künstlichen

Um 1750 läßt Wilhelmine in der Eremitage das Neue Schloß bauen. Bruder Friedrich schreibt nach einem Besuch: „Diese Stätte laß ewiglich uns zum Tempel der Freundschaft weihen!"

Ruinen und unregelmäßigen Wegführungen, die den Ideen des Landschaftsgartens, als es ihn auf dem Kontinent noch gar nicht gab, schon erstaunlich nahe kommt.

U m 1750 errichtete Wilhelmine in der Nähe des Alten Schlosses noch einen Höhepunkt der Rokoko-Baukunst, das sogenannte Neue Schloß. Wo sich zuvor ein Heckenlabyrinth befand, steht nun eine Orangerie mit einem eleganten Kuppelbau und zwei arkadengeschmückten, halbkreisförmigen Flügeln. Davor befindet sich ein Bassin, in dem sich Delphine, Putten und Fabelwesen tummeln. Zusammen mit den Treillagen, früher ergänzt durch Volieren, die um das Wasser führen, ergibt sich ein großes Oval. In den Flügeln des eingeschossigen Baus wurden Wohnungen für das Markgrafenpaar eingerichtet. Da das Neue Schloß im Zweiten Weltkrieg zerstört wurde, können nur noch Fotos die Qualität der Räume vermitteln, die in keiner Weise denen der Kabinette im Alten Schloß nachstanden. 1972 wurden die Flügelbauten wieder errichtet, heute befinden sich in ihrem neutralen Inneren Schloßcafé und Kasse. Der Bau ist gänzlich auf den Sonnengott Apoll bezogen: Auf der Kuppel des zentralen Pavillons sitzt er in seinem von vier Pferden gezogenen Wagen. Er blickte von dort auf seine Welt: auf die Vögel in den Volieren, die die Luft symbolisieren, auf das Wasser im Bassin als Bild des Meeres, auf die Pflanzen in der Orangerie, Symbol für die Erde. Im Innenraum, der in hellen, goldenen Farben strahlt – er konnte trotz der Zerstörungen wieder hergestellt werden –, geben Reliefs Apolls Leben wieder.

Selbstverständlich diente die gesamte Anlage des Neuen Schlosses in der Eremitage der Verherrlichung des Markgrafen als Apoll Bayreuths. In diesem Sinne ist sie – wie die gesamte Eremitage mit ihren vielen spannenden Architekturen und Wasserspielen – gebauter Ausdruck von Wilhelmines festem Glauben an die unabdingbare Welt des barocken Absolutismus – mochte sie in einem langjährigen Briefwechsel auch noch so viele aufgeklärte Ideen mit Voltaire ausgetauscht haben.

Die Markgräfliche Oper – Eine grandiose fürstliche Selbstinszenierung

Die Hochzeit ihrer einzigen Tochter Elisabeth Friederike Sophie am 23. September 1748 bot dem markgräflichen Fürstenpaar von Bayreuth den gebührenden Anlaß für die Einweihung eines der spektakulärsten Opernhäuser seiner Zeit. Tagelang wurde nach allen Regeln der Kunst in der Oper ein rauschendes Fest gefeiert. Doch der Grund der Feiern war weniger das Hochzeitspaar – so prachtvoll der Beginn auch war: die Ehe scheiterte keine acht Jahre später um so kläglicher –, sondern die grandiose Selbstinszenierung eines Fürstenpaares, das sich bis dahin der Welt gegenüber nicht gebührend repräsentiert sah. Aus diesem Manko in Kombination mit Wilhelmines außergewöhnlichem Kunstsinn wurde das Markgräfliche Opernhaus geboren, das noch heute als eines der wenigen original erhaltenen barocken Opernhäuser Europas eine Kostbarkeit sondergleichen ist.

Sicher ist das Gebäude auch als Stätte musikalischer Aufführungen errichtet worden – Wilhelmine, die seit dem Tod des alten Markgrafen 1735 schon ein hochqualitatives Musikleben in Bayreuth aufgebaut hatte, mußte sich bis zu dem Opernbau mit Behelfslösungen begnügen. Doch mindestens ebensosehr ist das Haus als Bühne absolutistischer Herrscher zu verstehen. Für die Ausführung wurden Künstler der ersten Kategorie verpflichtet: Guiseppe Galli Bibiena, der den Entwurf des Innenraums lieferte, und Sohn Carlo, der die Ausführung leitete und später fast zehn Jahre lang aufwendige Bühnenbilder für die Bayreuther Oper kreierte, stammten aus einer der berühmtesten italienischen Theaterarchitektenfamilien. Onkel Francesco hatte das Wiener Hoftheater entworfen und gilt als der Begründer des Logentheaters. Den Außenbau, der erst 1750 vollendet wurde, errichtete Joseph Saint-Pierre. Die grundlegende Idee, das Entree ganz besonders schlicht

Das Bayreuther
Opernhaus,
dessen Innen-
ausstattung
Guiseppe Galli
Bibiena schuf,
wurde anläßlich
der Hochzeit
von Wilhelmines
Tochter 1748
eingeweiht.

zu halten, um den Effekt des bombastischen Innenraums ins Grandiose zu steigern, hatte allerdings Wilhelmine selbst.

Es ist, als betrete man eine andere Welt. Um einen glockenförmigen Grundriß erheben sich drei Logenränge senkrecht übereinander. Die Balustraden, deren Säulen Blumengirlanden umwinden, so wie alles in diesem Raum überreich dekoriert ist, sind elegant geschwungen. Das

Gold der Schnitzereien tritt auf dem dunklen Blau, dem Grundton der Bemalungen, der alles in ein geheimnisvoll diffuses Licht versetzt, besonders glänzend hervor. Die Vorstellung von raschelnden Seidenroben und flackernden Kerzenlichtern drängt sich auch dem heutigen Besucher sofort auf. Noch jetzt ist die Spannung in dem Raum zu fühlen, in der das erwartungsvolle Publikum den Beginn der Darbietung erwartete: nicht den der Oper, sondern den des Auftritts des Fürstenpaares! Im Scheitelpunkt, gegenüber der Bühne, befindet sich die Hofloge, bedacht von einem großen Baldachin. Nicht von ungefähr ist sie ähnlich reich gerahmt wie das eigentliche Proszenium, der Bühnenrand. Hier wie dort schweben Genien um den Bayreuther Adler, der von der übergroßen preußischen Krone fast erdrückt wird. Ein klarer Hinweis auf Wilhelmines königliche Herkunft und auf die maßgebliche Urheberin des Hauses. Überall fliegen zum Ruhm des Paares Engel umher, die Posaunen in ihren Händen halten. Musiker in den schräg stehenden bis an die Decke reichenden Trompeterlogen, die die Bühne flankieren, ließen den Klang real ertönen.

Scheint in diesem Raum schon so alles in Bewegung, so fügt der Sog der Bühnenperspektive – bei Beginn der Musikaufführung – noch eine weitere hinzu. Die Bühne ist 27 Meter tief, sie nimmt den weitaus größten Teil des Opernbaus ein, und sie wirkte durch den perspektivischen Blickpunkt weit hinter der Bühne und die entsprechende Bemalung der Seiten- und Schlußkulissen noch größer. Bevorzugt wurden möglichst bewegte Bühnenbilder: Flugmaschinen, schwebende Wolken, Meereswogen, Nebel und Dampf machten den Abend vollends zu einem effektvollen Ereignis.

Blick auf die Hofloge im Markgräflichen Opernhaus

*Ü*ber der Fürstenloge gibt eine Widmungsinschrift klar zum Ausdruck, wie sich die Bayreuther Herrscher selbst sahen: Pro Friederico et Sophia Iosephus Gallus Bibiena fecit. Friedrich als Friederico ist ein Friedensfürst, Wilhelmine nennt sich mit ihrem Nebennamen Sophia und stellt sich damit als Personifikation der Weisheit dar. Sie bringen ihrem Land Glück und Frieden, Heiterkeit und Freude. Es sei nur am Rande bemerkt, daß sich dies – wenn überhaupt – nur auf die wenigen glücklichen Privilegierten, die es bis zu einem Platz im Opernhaus brachten, beziehen läßt. Der Rest der Bevölkerung, der im wesentlichen dieses architektonische Kunstwerk bezahlt hatte, wußte sich nicht von lachenden und properen Putti umgeben. Er sah auch nicht das prachtvolle Deckengemälde, in dem Apoll geradewegs aus dem Himmel zum Bayreuther Publikum hinabzusteigen schien. Natürlich wieder Apoll, der Herr der Künste und der Gott des Reinen, des Edlen und der Ordnung.

Bei den Aufführungen sparte man an nichts. Zwei Zahlen sollen dies verdeutlichen: Wurden für die Errichtung des Neuen Schlosses in der Eremitage 14.000 Gulden ausgegeben, so überliefert uns ein Chronist die Kosten für die Oper „L'Huomo" mit 20.000 Gulden.

Nun sollte gerade diese Oper, inhaltlich eine eigentümliche, aber für Wilhelmine typische Mischung aus aufklärerischen und absolutistischen Inhalten, allerdings auch besonders beeindrucken. Sie wurde am 14. Juni 1754 anläßlich des Besuchs von Bruder Friedrich aufgeführt – die letzte Begegnung der Geschwister vor Wilhelmines Tod. Wilhelmine hatte das Libretto geschrieben und auch einige Arien komponiert. Friedrich war, wie er in Briefen versicherte, gerührt. Jahre zuvor schon, 1740, hatte Wilhelmine, Komponistin, Aktrice und Autorin zahlreicher Opern und Libretti, das Singspiel „Argenore" mit Bezug auf ihren Bruder – in diesem Fall allerdings eher als eine Art Vergangenheitsbewältigung – verfaßt. Wie immer ist die Handlung ein antiker Stoff, entgegen aller barocken Operngewohnheit jedoch wird nicht in allegorischer Weise das Herrscherpaar verherrlicht. Die Bezüge zur preußischen Königsfamilie sind unübersehbar: König Argenore wird zum unberechenbaren Despoten, als sich die Tochter seinem Heiratsbefehl widersetzt. Sie heiratet schließlich ihren Geliebten, der sich später als ihr verloren geglaubter Bruder herausstellt!

Doch in der Zeit der Errichtung der Oper ab 1745 standen die innerfamiliären Zeichen eher auf Sturm. Bruder Friedrich hatte wenige Jahre zuvor in Berlin Unter den Linden ein Opernhaus von seinem Hofbaumeister

Knobelsdorff errichten lassen. Er hatte Wilhelmine, als die ersten Überlegungen zum Bau ihrer Oper reiften, die Pläne zukommen lassen und Knobelsdorff selbst nach Bayreuth geschickt. Ihre innige Geschwisterliebe hatte in der Zwischenzeit jedoch schon einige tiefe Risse erhalten, und so ist das prunkvolle, goldlastige Bauwerk in Bayreuth auch in seinem großen Gegensatz zum Berliner Opernbau hochinteressant. Verwendete Friedrich wie bei den übrigen Gebäuden seines Forum Fridericianums klassizistische Fassaden und spielerisch-leichten Rokoko im Inneren – 1843/44 nach einem Brand von Karl Ferdinand Langhans spätklassizistisch wieder aufgebaut –, so vermittelt Wilhelmines Bau den Eindruck eines schweren Hochbarock.

Ganz im Gegensatz zum überbordenden Innenraum hat die in die Straßenzeile eingebaute Fassade der Markgräflichen Oper einen französisch-zurückhaltenden Schloßcharakter.

Bis ins letzte Detail ist der Bau auf Wilhelmine abgestimmt. Demnach verwundert es nicht, daß nach Wilhelmines Tod die Markgräfliche Oper – wie ganz Bayreuth – zunächst bedeutungslos wird. Erst Richard Wagner entdeckt sie über hundert Jahre später wieder und verschafft ihr einen triumphalen Abend: 1872 dirigiert er dort anläßlich der Grundsteinlegung seines Festspielhauses Beethovens Neunte Sinfonie vor einem begeisterten Publikum.

Noch ein einziges Mal war es der Bayreuther Oper in den letzten Jahrzehnten vergönnt, in flackerndes Kerzenlicht getaucht zu werden – eigentlich unentbehrlicher Bestandteil der Rauminszenierung: 1994 wurden hier Szenen des biographischen Films „Farinelli" über den umjubelten Kastratenstar des 18. Jahrhunderts gedreht. Kastraten wurden vergöttert, wie ein Briefwechsel zwischen Wilhelmine und Friedrich über den Kastraten Porporino beweist. Wilhelmine hätte sich sicherlich über diesen späten Besuch Farinellis in Bayreuth gefreut. Den Bayreuthern des 20. Jahrhunderts stand jedoch angesichts der Brandgefahr der hölzernen Logen der pure Angstschweiß auf der Stirn.

Der Felsengarten in Sanspareil – Wo Romantikern das Herz aufgeht

*K*ein Vergnügen ohne einen Hauch Erziehung. Über all den wunderbaren Schloß- und Parkanlagen, die Wilhelmine uns hinterlassen hat, scheint ihr mahnender Zeigefinger zu schweben.

Er erwischt uns auch in Sanspareil, diesem idyllischen Dorf, etwa 40 Kilometer westlich von Bayreuth entfernt gelegen. Auf dem Weg von der Stadt bis dorthin begleitet uns ein Oberfranken wie aus dem Bilderbuch: eine satte Hügellandschaft, in der hier und da ein friedlicher Weiler grüßt. Sanspareil selbst ist klein, ordentlich, das blumengeschmückte Kreuz steht am Brunnen in der Dorfmitte. Überragt wird es von der Burg Zwernitz, einer im Kern romanischen Anlage. Von dem Burgturm – der Aufstieg ist unbedingt zu empfehlen – ist ein wunderbarer Blick über die Landschaft, über Fichtelgebirge und Fränkisches Jura zu genießen.

Zu Füßen der Burg, am Rande des Dorfes, befindet sich ein kunsthistorisches Kleinod – der Felsengarten –, das, stünde da nicht der Morgenländische Bau, sehr leicht zu übersehen wäre. Denn es zeichnet sich weniger durch raffinierte und aufwendige Architektur aus, sondern durch die Natur, die mittels behutsamer Eingriffe in ihrer Schönheit optimal präsentiert wird. Der Morgenländische Bau, so bescheiden in seinen Ausmaßen, daß er kaum als Schloß bezeichnet werden kann, spielt nicht die Hauptrolle im Ensemble, er ist eher das Entree zu einem Naturschauspiel.

Es besteht aus bizarr geformten Felsen, die eine Eigenart des Fränkischen Jura sind. Die Felsen sind nicht mühsam aus Tuffstein geformt wie die Felsengruppen in der Eremitage und in einigen anderen barocken Gärten, sondern vor Jahrmillionen natürlich, aber nicht weniger überra-

Der Morgenländische Bau in Sanspareil wurde um eine Buche herum gebaut.

schend in ihren Formen entstanden – für jeden Geologen
eine Freude und für alle anderen Besucher eine interes-
sante Naturszenerie.

  Dies würde aber die historische und kunsthistorische
Bedeutung des Felsengartens von Sanspareil völlig außer
Acht lassen. Wilhelmine hätte sich kaum für diesen Ort

begeistern können, nur weil er eine – schon zu ihren Zeiten ziemlich verfallene – Burg und ein paar außergewöhnlich geformte Felsen aufzuweisen hatte. So fortschrittlich sie auch mit dem Ausbau der Parkanlage in der Eremitage wirkte, gedanklich war sie tief in ihrer Zeit verwurzelt, und Begeisterung für pure Natur war ihr nicht bekannt. Die Eremitage scheint mit dem Fehlen aller Symmetrie und ihren Achsen, die sich auf Schloß und Orangerie beziehen, zwar geradezu revolutionär im kontinentalen barocken Gartenbau, aber letztendlich war die „Landschaft" ein kunstvolles Arrangement aus Wasserspielen, Pavillons, Bellevues, Einsiedeleien und dem Parnaß. Auch in Sanspareil wurde die Natur von Wilhelmine „eingerichtet", bis sie ihren intellektuellen Sehnsüchten entsprach, aber hier wurde der Natur eine außergewöhnlich eigenständige Rolle zugestanden. Natur an sich sagte dem barocken Menschen nicht viel, der Weg von der Stadt bis Sanspareil, der heute als Genuß empfunden wird, war damals ausschließlich eine beschwerliche Tagesreise durch uninteressantes Land. Natur war Stoff, aus dem geformt wurde. So beschrieb Wilhelmine im August 1749 nach Fertigstellung der Anlage ihrem Bruder in wenigen Sätzen das Kuriose des Felsengartens: „Die Lage des Ortes (...) ist einzig. Die dort aufgeführten Bauten sind von sonderbarem Geschmack. Die Natur selbst war die Baumeisterin." Eine Beschreibung, die jedem Romantiker einige Jahrzehnte später das Herz aufgehen ließ.

Leider sind von den von Wilhelmine erwähnten Bauten kaum welche erhalten, im 19. Jahrhundert wurden viele Architekturen von Unwetter und Baufälligkeit zerstört oder auf Abriß verkauft. Trotzdem ist der Park in seinem ikonographischen Programm durchaus noch lesbar.

*D*as Stück, das in und mit der Staffage aufgeführt wird, heißt „Les aventures de Télémaque" und war ein Roman aus dem 17. Jahrhundert. Der französische Erzbischof François de Salignac de la Mothe Fénelon hatte ihn 1699 in seiner Funktion als Erzieher des französischen Kronprinzen im Dienste Ludwigs XIV. geschrieben. Die Erzählung, eine Fortsetzung des vierten Buchs aus Homers

Der Morgenländische Bau mit rekonstruiertem Blumenparterre

Odyssee, sollte seinem Zögling zu einem tugendhaften Leben verhelfen. Das Werk war als staatspolitisch-pädagogischer Erziehungsroman gedacht, der das Idealbild eines weisen Königs entwirft. Es erregte große Aufmerksamkeit, seinem Verfasser brachte es in erster Linie Unannehmlichkeiten: Der Papst zensierte es, und der Sonnenkönig entließ Fénelon, da er den Roman als Kritik an seiner Person

auffaßte. Fénelon ließ die Restauflage vernichten. Erst 1717 wurde das Druckverbot aufgehoben. Dennoch trat der „Telemach" schon früh seinen Siegeszug an. Seine Erziehungsmaximen fanden schnell, vor allem in den deutschen Ländern, lebhaften Anklang. Er erschien hier mit dem bezeichnenden Untertitel: „Wie die königlichen und fürstlichen Prinzen zur Staats-, Kunst und Sittenlehre anzuführen" seien. Er wurde vom preußischen Kronprinzen Friedrich und von Wilhelmine sehr verehrt, wie sie in ihren Memoiren erwähnt, schon deshalb, weil sie ansonsten in ihrer Jugend kaum in den Genuß von Literatur mit klassischen Themen kamen.

Die Geschichte erzählt von der Suche Telemachs nach seinem Vater Odysseus. Begleitet von dem weisen Mentor, eigentlich Göttin Athene in Gestalt eines alten Mannes, landet er nach einigen Abenteuern auf der Insel Ogygia, auf der schon Odysseus auf seinen Irrfahrten einst sieben Jahre verbracht hatte. Dort wird er, wie sein Vater, gastfreundlich von der Nymphe Kalypso aufgenommen, die sich, wie schon in Odysseus, in Telemach verliebt. Es ist schließlich Mentor, der aus Furcht, die eifersüchtige Kalypso könne sie festhalten, sich und Telemach ins Meer wirft, wo sie von einem vorüberfahrenden Schiff aufgenommen werden und nach weiteren Erlebnissen in ihre Heimat, auf die Insel Ithaka, zurückkehren.

Wilhelmine verwandelte den fränkischen Felsenhain in die Insel Ogygia. Es ist gar nicht die Idee an sich, die Sanspareil zu einem wirklich unvergleichlichen Garten macht. Der Felsenhain war schon immer bewundert und bereits 1604 mit den griechischen Landschaften des Homer in Verbindung gebracht worden. Es ist die Idee, einer Landschaft durch Staffagen ein literarisches Programm zu geben; ein Gedanke, der seiner Zeit weit voraus war und erst in den romantischen Landschaftsparks Allgemeingut wurde. Auch der Einfall, eine mittelalterliche Burg als „natürliche" Ruinenarchitektur ins Gesamtbild einzupassen, spielte in der Regel erst fast ein Jahrhundert später eine Rolle im kontinentalen Europa. Burg Zwernitz war übrigens ein alter hohenzollerischer Besitz und wurde – auch als Hinweis auf die lange Geschichte des Hauses – im Zuge der Parkausgestaltung 1744 bis 1746 instandgesetzt.

Die Bauleitung für die Arbeiten in Sanspareil – diesen Namen erhielt der Park und auch das Dorf Zwernitz 1746 – hatte der Bayreuther Hofarchitekt Joseph Saint-Pierre. Es war seine erste Zusammenarbeit mit Wilhelmine und offensichtlich eine sehr zufriedenstellende, denn bis zu

Der Stich Johann Gottfried Köppels aus dem Jahr 1793 zeigt, wie man aus Oberfranken eine chinoise Traumwelt machen kann.

seinem Tod 1754 blieb er ihr wichtigster Architekt. Und ein vielbeschäftigter dazu: Er errichtete, gleichzeitig zu den Arbeiten in Sanspareil, in Bayreuth das Markgräfliche Opernhaus, er war unter anderem für den Bau des Neuen Schlosses in Bayreuth ab 1753 verantwortlich, er gestaltete von 1753 bis 1754 die ehemalige Schloßkirche neu, in der sich die Gruft mit den Gräbern des Markgrafenpaares und dem ihrer Tochter befindet, und er entwarf das sogenannte Neue Schloß in der Eremitage um 1750.

Am Neuen Schloß in der Eremitage übernahm Saint-Pierre ein Gestaltungselement des Morgenländischen Baus aus Sanspareil, denn hier wie dort finden sich an den Mauern Inkrustationen aus bunten Steinen und Kristallen. Diese Art von Dekoration war bis dahin nur in den Grottenräumen der barocken Schlösser bekannt gewesen. Am Morgenländischen Bau sollte es wohl den erwünschten orientalischen Charakter verstärken, der durch die ursprünglichen, leider nicht mehr erhaltenen Dachformen zweifellos gegeben war. Das Schlößchen wurde von drei Gebäuden flankiert, die um ein abgesenktes, 1987 rekonstruiertes Blumenparterre gruppiert waren. Die beiden Markgrafenhäuser existieren nicht mehr, das Küchengebäude ist heute – in leicht veränderter Form – Schloßcafé.

*T*rotz dieser Anlage ist der Morgenländische Bau eher eine raffinierte Gartenarchitektur denn ein Landschlößchen. Im Grundriß ein Dreiflügelbau ordnen sich mehrere, in Rokokoformen gestaltete Räume um einen überhöhten Saal, an den sich ein kleiner Innenhof anschließt. Der Clou und Überraschungseffekt des Morgenländischen Baus ist dieser Innenhof, in dem eine große Buche steht. Um diesen Baum herum wurde tatsächlich das gesamte Gebäude gebaut. Hof und Saal bieten eine außergewöhnliche Sichtachse, die von einer natürlichen Felswand, die hinter dem Gebäude aufragt, abrupt gestoppt wird. Ein Zeitgenosse beschrieb: „Angenehm täuschend ist der Durchblick durch die Glasthür (...), man erblickt wie ein Gemälde (...) einen stolzaufragenden Buchenstamm mit seiner gegen das Felsendunkel contrastirenden Silberrinde." Man mag in diesem „Gemälde" die Essenz der Anlage „Sanspareil" sehen: Der Blick wird gerahmt von der eleganten Rundbogentür des Rokokosaals, der Hintergrund gefaßt von einer weiteren Rundbogenöffnung, diesmal in rustizierter Ausführung. Die Rustika bereitet den Blick auf die unbehandelte Natur vor, denn wie in einer Theaterkulisse rahmt sie eine wahrhaftige Felswand. Die Felswand, die so gleichsam in die Architektur hineingeführt wird, ist Teil der außergewöhnlichen Steinformationen, um die es ja eigentlich in Sanspareil geht (s. S. 137).

Es ist schon eine sehr ausgefallene Idee, eine Buche die Hauptrolle in einer fürstlichen Architektur spielen zu lassen. Interessant in diesem Zusammenhang ist, daß der Hain einen außergewöhnlichen Baumbestand aufweisen konnte, von dem schon früh geschwärmt wurde. Auch Buchen sind im Fränkischen Jura äußerst selten.

Aber ein weiteres Bild drängt sich auf: Die arrangierte Szenerie mit dem einzelnen Baum erinnert an asiatische Zeichnungen. Betrachtet man die 13 Stiche, die Johann Gottfried Köppel 1793 von Sanspareil anfertigte und die zum Teil im Morgenländischen Bau hängen, dann wird die Intention deutlich: Die bizarren Felsen von Sanspareil waren die ideale Kulisse für eine gigantische Chinoiserie. Nicht einzelne Räume und Kabinette wie im Alten Schloß der Eremitage oder im Neuen Bayreuther Schloß, sondern eine ganze Landschaft wurde in das bewunderte Reich des Konfuzius übergeleitet, in das utopische Ideal der Schönheit.

Im Felsengarten selbst fanden sich dieser Idee folgend einige Staffagen im – für barocke Augen – asiatischen Stil. Felsengärten, das war bekannt, spielten in der östlichen Gartenkunst eine große Rolle. Wie paßt dies nun mit dem poetischen Überthema des Fénelonschen Telemachs zusammen? Die Antwort liegt in der Zeit selbst. Wilhelmine und ihre Zeitgenossen empfanden in der Zusammenführung verschiedener Motive keinen Widerspruch.

So wurde die gesamte Anlage von Sanspareil im übrigen – besonders von Markgraf Friedrich – auch nach der Umwandlung in die Insel Ogygia und in exotische Welten durchaus pragmatisch weiterhin als Jagdgebiet betrachtet. Davon zeugt auch heute noch das Jagdzimmer im Morgenländischen Bau mit seinen kapitalen Hirschgeweihen, Trophäen des Markgrafen, und Jagdgemälden.

Hinter der
Calypso-Grotte
eröffnet sich
dem Besucher
das einzigartige
Ruinentheater.

Aber zurück zum ikonographischen Programm des Felsengartens: Unmittelbar hinter dem Gebäude beginnt das
antike Schauspiel. Einem Weg folgend, der sich durch die
Felsen schlängelt und von dem immer mal wieder ein Ab-
stecher zu einem von der Natur besonders interessant ge-
stalteten Ort abzweigt, werden die einzelnen Stationen
der Telemach-Abenteuer in Erinnerung gerufen. Für den
Besucher Mitte des 18. Jahrhunderts war die Situation,

daß er einem vorgegebenen Weg folgt und in regelmäßi-
gen Abständen auf effektvolle Ansichten stößt, eine neue
Erfahrung. Erst viele Jahre später wurde dies in den aus
England übernommenen Landschaftsgärten im übrigen
Europa begeistert aufgenommen. Ausreichend für seine
Phantasie waren für ihn die kleinen Schilder, die Wilhelmine an verschiedenen Stellen aufstellen ließ, war der Roman Fénelons doch Allgemeingut. Ein Felsüberhang mit
dem dezenten Hinweis „Mentorsgrotte" etwa erinnerte
an die Höhle, in der Mentor nach einer Romanszene das
Material zum Schiffsbau fand, um die Flucht von der Insel vorzubereiten. Der „Grüne Tisch" – eine Tischplatte,
die um einen Baumstamm angebracht war – sollte die Begebenheit vergegenwärtigen, in der sich Telemach mit der

Das Ruinen-
theater,
dargestellt
1748 auf einem
Kupferstich
von Johann
Thomas Köppel

Nymphe Eucharis zurückzog und damit die Eifersucht Kalypsos hervorrief. Es gab einen Pansitz und eine Dianengrotte. Auf dem Felsen ihr gegenüber sollte man sich Mentor vorstellen, der gerade Telemach von den Klippen gestürzt hat, selbst im Begriff ist, sich in ins Meer zu werfen und ihn und sich zum vorbeifahrenden Schiff rettet. Auf den einzelnen Felsen selbst waren teilweise Staffagen aufgebaut, so zum Beispiel ein Belvedere in chinesischer Form. Unterhalb dieses Belvederes liegt Kalypsos Grotte, ein niedriger Durchgang zwischen Steinwänden, zu dem wohl ein Gemälde die Szene beschrieb, in der Kalypso sich von Nymphen bedienen läßt, während Telemach vor ihr auf Knien um Gnade fleht.

Vor Kalypsos Grotte befindet sich das Ruinentheater. Es ähnelt in seiner Anlage dem Ruinentheater, das ab 1743 in der Eremitage gebaut worden war. Während dort aber die „Ruine" freistehend neu errichtet wurde und lediglich der Bühnenprospekt Ruinenattribute aufweist, gehört in Sanspareil der Zuschauerraum selbst zur Szenerie. Das Publikum saß in der Kalypsogrotte und sah auf die vier aus unbehauenem Tuffstein errichteten Bögen, die geschickt perspektivisch angeordnet sind und direkt aus den Felsen zu wachsen scheinen. An den Bögen sind Masken, ein Medusenhaupt und zwei Büstenreliefs mit Bildnissen von Homer und Vergil eingearbeitet.

Das Ruinentheater war der Höhepunkt auf dem Bildungspfad durch den Felsenhain und stellt quasi ein „Theater im Theater" dar. Etwa 800 Meter ist das Gelände lang, und über ein Dutzend mythologische Szenen wurden aus den geologischen Begebenheiten herausgelesen. Zusammen mit Aussichtspavillons, Tanzsaal und einigen Gartenhäuschen ergab sich ein spannendes Programm.

Obwohl der Felsengarten von den vielen Staffagen kaum noch eine besitzt, trägt er immer noch unverkennbar Wilhelmines erzieherische Handschrift und ist in seiner Originalität und kulturhistorischen Bedeutung einfach verblüffend.

Das Neue Schloß in Bayreuth – Ein Festival des Rokoko

Schaut man ganz genau hin, dann erkennt man an der Fassade des Bayreuther Neuen Schlosses eine Unregelmäßigkeit: Rechts und links des Mittelrisalits herrscht nicht die in der barocken Architektur eigentlich vorgeschriebene absolute Symmetrie. Das Nebenportal des rechten, des südlichen Flügels liegt vom Hauptportal aus in der neunten, das des nördlichen Flügels jedoch in der zehnten Achse (s. S. 96/97). Der Grund dieses im Barock unhaltbaren Mißverhältnisses ist in der Baugeschichte des Schlosses begründet.

In der Nacht vom 26. zum 27. Januar 1753 brannte das von Wilhelmine und ihrem Gatten Friedrich ungeliebte Alte Schloß in Bayreuth zu großen Teilen nieder. Gewaltige Schäden waren entstanden, beim Wegräumen der Trümmer fand man noch Tage später „viel Stucken geschmolzenen Goldes, Silbers und anderen Ertzes".

Das ungeheure Tempo, in dem kurze Zeit später wenige hundert Meter entfernt ein neues Schloß gebaut wurde, läßt den Argwohn der Bevölkerung verstehen. Bereits Ende 1754 war das Neue Schloß, in dem das Markgrafenpaar endlich seine Gäste würdig empfangen konnte, in weiten Teilen fertiggestellt. Das zornige und finanziell belastete Volk mutmaßte, schon lange hätten die Pläne für das repräsentativere Gebäude in der Schublade gelegen und bei dem Brand im Alten Schloß sei wohl nachgeholfen worden. Eigentlich ließ das Budget der Markgrafschaft, das ewig angespannt war, einen Schloßneubau nicht zu, und so mußte man als Zugeständnis an die prekäre finanzielle Lage auf vorhandene Gebäude zurückgreifen. Drei nebeneinanderliegende Palais und die nur kurz zuvor begonnene reformierte Kirche, alle von Joseph Saint-Pierre errichtet, wurden von ihm in den Neubau vor dem Hofgarten integriert. Dies erklärt die zwar einheitliche, aber eben mit einer kleinen Asymmetrie versehenen Fassade.

Eine originelle Abwandlung des barocken Spiegelkabinetts: die Decke des Spiegelscherbenzimmers im Neuen Schloß

Das Schloß ist – wie die ebenfalls von Saint-Pierre einige Jahre zuvor errichtete Oper – in seinem Äußeren zurückhaltend, schon frühklassizistisch geprägt und zeugt von der französischen Schulung des Baumeisters. Es besteht aus einem langgestreckten, dreigeschossigen Gebäudetrakt mit einem vorgezogenen, zweigeschossigen

Mittelrisalit. Dieser ist elegant gegliedert: Auf einem rusti-
zierten Untergeschoß mit ehemals wahrscheinlich drei
Toreinfahrten befindet sich das Hauptgeschoß mit drei
hohen, rundbogigen Fenstertüren zwischen korinthi-
schen Säulen. Auf der Balustrade des Risalits stehen sechs

Selbst Kakteen
wurden im
Rokoko
zum Ranken
gebracht: im
Japanischen
Zimmer, dem
ehemaligen
Schlafzimmer
Wilhelmines

überlebensgroße allegorische Figuren, die fast den einzigen Schmuck der Hoffront ausmachen.

Wie sich auch an anderen Bauwerken in Bayreuth zeigt: Es sind weniger die prächtigen Fassaden, sondern die Innenräume – neben der Parkgestaltung –, die eine besondere Stellung in der spätbarocken Architektur einnehmen. Denn die Schloßräume stellen sowohl einzeln als auch in ihrer Gesamtheit einen Höhepunkt in der Kunst des Rokoko dar.

Auch im Neuen Schloß lesen wir eindeutig die Handschrift Wilhelmines. Endlich hat auch sie ein repräsentatives Stadtschloß, das, anders als die Lustschlösser in den Parks, eine Beletage besitzt. Zwei Treppen führen zum Hauptgeschoß, das in der Anordnung seiner Räume den Residenzschlössern nach französischem Vorbild entspricht. Zu beiden Seiten eines mittleren Festsaals sind die Staatsappartements des Herrscherpaares angeordnet.

Die Raumfolge der Appartements folgt im Barock einem bestimmten Schema: Es setzt sich aus Vorzimmer, Audienzzimmer, Paradeschlafzimmer und einem oder mehreren Kabinetten zusammen. Aber am Ende der vom Zeremoniell geforderten Enfiladen sind im Neuen Schloß einige Kabinette und Zimmer angeordnet, die eher den Charakter einer erlesenen privaten Wohnung haben. Dies entspricht dem im Rokoko ausgeprägten Verlangen nach Intimität. Über ihre Zimmer im Nordflügel des Schlosses schreibt Wilhelmine ihrem Bruder: „Ich habe mir das Vergnügen gemacht, den Plan meines Palastes selbst zu entwerfen, er ist zwar puppenhaft, wird aber sehr bequem werden".

Das Rokoko ist eine Kunst der Dekoration und Ornamentik. Es zeichnet sich durch Eleganz und Beschwingtheit, durch handwerkliche Virtuosität und Grazilität aus. Zarte Farben unterstreichen den hellen und leichten Charakter. Eine besondere Vorliebe hat das Rokoko für die asiatische Welt, wie wir schon in den anderen Bauten der wilhelminischen Markgrafschaft feststellen konnten. Sie entsprechen dem Bedürfnis der Zeit nach dem Eleganten und Exotischen.

150

Wilhelmine hat auch im Neuen Schloß dieses Sujet mit viel Feinsinn behandelt: Das Spiegelscherbenkabinett im Markgräfinnentrakt ist der erste Raum in der Zimmerfolge, der nicht mehr der höfischen Repräsentation diente, sondern allein dem privaten Rückzug in geistreicher Atmosphäre. Er ist in seiner Art ungewöhnlich. Wie das Spiegelscherbenzimmer im Alten Schloß der Eremitage unterscheidet er sich stark von den zu der Zeit üblichen Spiegelkabinetten. Unregelmäßige Spiegelscherben sind über die Decke des Zimmers verteilt, kunstvoll und phantasiereich in feinste Stuckarbeiten eingefügt (s. S. 147). Detailreich und stilsicher sind Tiere, Pflanzen und – in der Mitte der Decke – eine Szenerie abgebildet, in der man eine Frau, wohl Wilhelmine, in einem Teehaus chinesische Schriftrollen lesen sieht.

Wie bei den Moden aller Zeiten waren die nachfolgenden Generationen zunächst nicht sehr begeistert von den überkommenen Dingen. Prinz Ludwig von Württemberg beschwerte sich um 1795: „(...) angeklebte Stücke von zerbrochenen Spiegeln geben der Sache ein groteskes Ansehen. Da sich das Spiegelglas (...) bei der geringsten Bewegung ablöst, ist man solchergestalt für seinen Kopf nie ganz sicher." So ist es nur einer eingezogenen Decke zu verdanken, daß das fragile Werk die rokokofeindlichen Zeiten überstand und erst hundert Jahre später wiederentdeckt und seitdem viel bestaunt wurde.

Prinz Ludwig wird sich demnach auch nicht besonders für die anderen Räume begeistert haben, zeigen sie doch schönste Ornamentkunst, die auch als Bayreuther Rokoko bezeichnet wird – nichts für klassizistisch gesinnte Gemüter. Schönstes Beispiel des Bayreuther Rokoko ist am Ende der Enfilade das Schlafzimmer, Japanisches Zimmer genannt. Auch hier – obwohl der Raum mit seinen hellen, zarten Farben einen ganz anderen Gesamteindruck vermittelt – finden wir wieder exotische Details: Im Typ des Garten- und Spalierzimmers, den man übrigens im Neuen Schloß in verschiedenen Ausführungen findet, ranken sich an dem feinen, eleganten Rahmengitter der Wände zierliche, fremdländische Pflanzen wie Kakao und Kakteen. Vögel fliegen wie in einer Voliere zwischen den vergoldeten Stäben. Auch in diesem Raum begegnet man an der Decke Wilhelmine – wieder als Chi-

nesin, diesmal auf einem Muschelthron unter einem Baldachin ruhend.

Doch nicht nur als Gestalterin der Schloßräume, sondern auch als Künstlerin selbst wirkte Wilhelmine bei der Ausstattung des Neuen Schlosses mit. Im Alten Musikzimmer, das ebenfalls zum Privatappartement der Markgräfin gehörte, finden sich wie im Musikzimmer des Alten

Schlosses in der Eremitage viele Bildnisse an den Wänden. Aber es handelt sich nicht – und das stellt hier die Besonderheit dar – um dynastisch bedeutsame Personen oder um Verwandte und Bekannte. Die königliche Verwandtschaft war dem Besucher bereits eindrucksvoll in dem an den Festsaal anschließenden Audienzraum präsentiert worden. In Wilhelmines privatem Musiksaal, ein heller, freundlicher Raum, werden ausschließlich Sänger und Sängerinnen der Oper, Schauspieler, Musiker und Tänzer und Tänzerinnen, die allesamt bei Wilhelmine in Bayreuth engagiert waren, gezeigt.

Die Porträts hängen in zwei unterschiedlichen Höhen und sind durch goldene Stuckranken und -zweige miteinander verbunden, was dem Raum einen beschwingten Eindruck gibt. Um die Porträts sowie an Decke und Gesims finden sich überall hochqualitative Darstellungen von Musikinstrumenten und Notenblättern. Diese wunderbaren Stukkaturen, wie auch die übrigen des Neuen Schlosses, stammen überwiegend von Giovanni Battista Pedrozzi.

Die Darstellung von Musikern, die in der Hofhierarchie weit unten angesiedelt waren, ist sehr ungewöhnlich und in dieser Form um die Mitte des 18. Jahrhunderts nur in England zu finden. Es zeugt von dem aufgeklärten Gedankengut, mit dem sich die Markgräfin so intensiv beschäftigte. Und noch etwas gibt dem Raum einen direkten Bezug zur Aufklärung, der gerade erst aufkommenden Geistesströmung des europäischen 18. Jahrhunderts: Über einer der Türen hängt augenfällig das Porträt von Voltaire, dem berühmten französischen Philosophen und Schriftsteller. Wilhelmine hatte ihn 1743 kennengelernt, als er ihren Bruder Friedrich bei einem

Vollendetes Rokoko: Meerestiere, Muscheln und Wasserpflanzen bevölkern zwischen zarten Stuckrocaillen die Decke eines der Zimmer Wilhelmines.

Wilhelmines
Tochter
Elisabeth
Friederike
Sophie wurde
1745 von
Jean-Etienne
Liotard gemalt.

zweiwöchigen Besuch in Bayreuth begleitete. Nach dem Besuch hatte sich ein reger Briefwechsel zwischen Wilhelmine und Voltaire entwickelt, in dem sie ihre philosophischen und politischen Ideen austauschten.

Sein Porträt wie auch die Künstlerbilder in dem Raum sind in der Technik der Pastellmalerei ausgeführt. Ein schwedischer Maler namens Alexandre Roslin lebte ab 1745 einige Jahre in Bayreuth. Er ging 1752 nach Paris und machte dort als Gesellschaftsporträtist Karriere. Heute wird er als einer der bedeutendsten Porträtmaler des 18. Jahrhunderts angesehen. Die Pastellmalerei war erst zu Beginn des 18. Jahrhunderts in Mode gekommen, aber sie wurde geliebt wegen ihres heiter-festlichen Charakters. Die Farbskala der Pastelle war leicht und luftig, man ließ sich gern in dieser Technik porträtieren, verkörperte sie doch den eleganten Charme des Rokoko.

Im Spiegelscherbenkabinett des Neuen Schlosses hängen zwei Meisterwerke der Pastellkunst von Jean-Etienne Liotard (s. S. 90). Der Schweizer Maler hatte sowohl Wilhelmine als auch deren Tochter Elisabeth Friederike Sophie um 1745 porträtiert, kurz nachdem er Kaiserin Maria Theresia und den gesamten Wiener Hofstaat gemalt hatte. Die beiden Porträts geben einen wirklich außergewöhnlich persönlichen Eindruck der beiden Damen wieder: Wilhelmine mit einem spöttisch-überlegenen, gleichzeitig offenen und klugen Gesichtsausdruck, die Tochter in ihrer ganzen gefeierten Schönheit.

Roslin, der schwedische Maler, der fünf der Künstlerporträts im Alten Musikzimmer gemalt hatte, unterrichtete wohl Wilhelmine in der Pastellmalerei. Sie schreibt 1746: „Ich habe mich seit zwei Jahren sehr stark mit dieser Malerei befaßt und habe meine Farben selber bereiten gelernt." Man kann davon ausgehen, daß einige der Porträts auch von Wilhelmines eigener Hand stammen. So konnte sie sich in diesem Zimmer in zweifacher Weise darstellen: Zum einen als aktive Künstlerin, zum andern als großzügige Förderin der Künste und des Geistes, indem sie Kunstschaffende aus allen Bereichen und sogar Philosophen an ihrem Hof zusammenzuführen vermochte.

*E*iner der schönsten Räume des Neuen Schlosses schließlich ist das langgestreckte, schmale Palmenzimmer im Flügel des Markgrafen. Die Wände sind mit stark gemasertem Nußholz vertäfelt. Auf ihnen sind geschnitzte und vergoldete Palmen aufgebracht, deren Kronen bis an die himmelblau gefaßte Decke reichen, mit Phantasievögeln und Drachen aus goldenem Stuck belebt. Die Sockelzone wird von zierlichen Pflanzen bewachsen, jede einzelne sorgfältig und individuell geschnitzt.

Nicht nur der allgegenwärtige Hang zur exotischen Flora und Fauna oder der Wunsch nach einer ausgesprochen originellen Dekorationsidee war hier ausschlaggebend für die Einrichtung des Zimmers. Es diente höchstwahrscheinlich als Versammlungsraum der örtlichen Freimaurerloge, deren Logenmeister Markgraf Friedrich war. Der Tempel der Humanität, in dem die Loge zusammenkam und an dem sie gleichzeitig baute, sollte den Tempel des alttestamentarischen Königs Salomo darstellen. Fürsten des 18. Jahrhunderts identifizierten sich gerne mit dieser biblischen Gestalt, die als Idealbild des weisen und mächtigen Herrschers beschrieben und dessen Regierungszeit als Goldenes Zeitalter Israels überliefert wurde. Salomo hatte auf Gottes Geheiß und nach dessen genauen Angaben einen Tempel errichtet. Nach den Anweisungen sollte der Tempel mit Holz getäfelt sein, auf dem Gold, Palmen und Blumen angebracht werden sollten. Friedrich der Große gab der Freimaurerei 1738 mit seinem Eintritt in die Hamburger Loge einen starken Aufschwung und hatte 1740 eine eigene Loge gegründet. König Friedrich persönlich nahm Markgraf Friedrich in die Loge auf, und der gründete seinerseits 1741 in Bayreuth eine eigene. Wilhelmine ihrerseits stand dem Bayreuther Mopsorden vor, einem Freundschaftsbund, der auf freimaurerischen Idealen aufbaute. Mit dem Palmenzimmer hat das Mark-

Das Palmenzimmer im Neuen Schloß

grafenpaar einen wahr-
haft würdigen Raum für
die Logenzusammenkünf-
te geschaffen.

Mit dem Bau des Neuen
Schlosses haben Wilhel-
mine und Markgraf Fried-
rich Bayreuth endgültig zu
einer der interessantesten
kleinen deutschen Residenz-
städte gemacht. Während
das Neue Schloß noch zu
Ende gebaut wurde, mach-
te sich das Markgrafenpaar
im Oktober 1754 zu ihrer
lange geplanten Reise auf,
die sie in Frankreich und
Italien zu den antiken Stät-
ten und Kunstwerken führ-
te. Allein in Rom kauften
sie 89 Skulpturen und 50
andere Kunstgegenstände,
die wir uns später verteilt
in den verschiedenen Bay-
reuther Schlössern vorstellen können. Wilhelmine –
begeistert von der gerade
beginnenden Erforschung
des Altertums – legte eine
Antikensammlung an,
plante die Einrichtung eines Antikenkabinetts im
Neuen Schloß und kaufte
Gemälde im neuen klassi-
zistischen Stil.

Beeindruckt vom Typus
der Villa suburbana, den
Wilhelmine in den Land-
schaften um die italienischen Städte kennengelernt hatte, plante sie nach ihrer Rückkehr in Donndorf, fünf Kilometer westlich von Bayreuth, einen ähnlichen Landsitz.
Durch ihren Tod 1758 läßt sich nicht mehr nachvollzie-

hen, inwieweit das ab 1761 dort errichtete Gebäude ihren Vorstellungen entsprach. Aber Schloß Fantaisie war mit seiner zweigeschossigen, klassizistischen Anlage und der weitläufigen Parklandschaft durchaus in seinem Charakter mit den italienischen Landhäusern verwandt, als sich ihre Tochter nach ihrer gescheiterten Ehe in Donndorf einrichtete. Allerdings wurde es im 19. Jahrhundert im „Florentiner Stil" umgebaut. Seit kurzem befindet sich dort das sehenswerte Gartenkunstmuseum.

Um 1750 – Jahre vor ihrer Hinwendung zum Klassizismus – ließ sich Wilhelmine wie so oft zuvor von Antoine Pesne malen (s. S. 104), und kaum ein anderes Gemälde faßt ihr Selbstverständnis besser zusammen: Sie sitzt in einer Grotte – viele dieser Art hatte sie ja in der Eremitage und in Sanspareil für müßige Stunden und den inneren Rückzug eingerichtet. Die durch die Jakobsmuscheln gekennzeichnete Pilgertracht verdeutlicht ihr freiwilliges Exil: Fern von der Heimat lebt sie und wird hier auch sterben. Das Buch in ihrer Hand trägt den Titel „Traité de l'Amitié" und zusammen mit ihrem Lieblingshund Folichon auf ihrem Schoß veranschaulicht es den Wert, den sie auf Freundschaft und Treue legt. Neben ihr sind die Attribute ihrer künstlerischen Tätigkeiten versammelt: Ein Notenheft mit einem ihrer Cembalo-Konzerte, Pastellkreide und weitere Bücher zeigen Feinsinnigkeit und Belesenheit an.

Doch trotz aller philosophischen Betrachtungen und der Beschäftigung mit der Kunst: Wilhelmine bleibt eine absolutistische Fürstin, und das zeigt sie deutlich. Ein großes samtenes Kissen mit Goldbordüre – Prunkkissen waren eine herrschaftliche Insignie – und unübersehbar wertvoller Schmuck machen dem Betrachter ausdrücklich Wilhelmines Rang im europäischen Adel deutlich, über den sie sich zeitlebens sehr bewußt war. Dies hat sie in dem Gemälde sorgsam ikonographisch komponiert, und auch in den von ihr mit ihrem ganzen Kunstsinn ausgeführten Bauwerken läßt sich diese Aussage mit ein wenig Aufmerksamkeit überall ablesen. Eremitagen und Grotten kann man auch als Weltflucht für diejenigen sehen, die sich den Luxus des Einfachen leisten konnten. Nicht viel später wurde diese Scheinwelt mit dem Sturm der Revolution hinweggefegt.

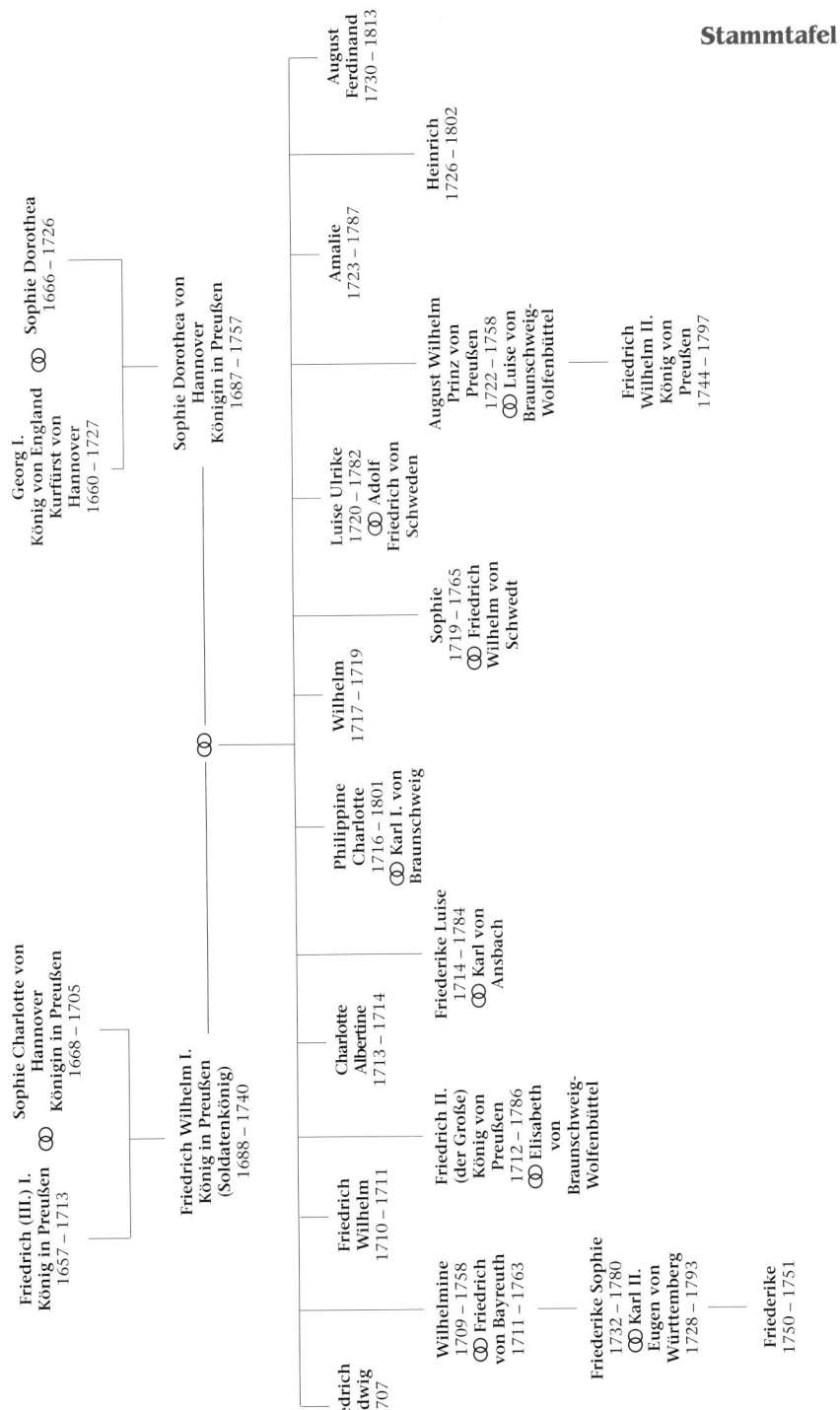

Friedrich (III.) I.
König in Preußen
1657 – 1713

∞

Sophie Charlotte von
Hannover
Königin in Preußen
1668 – 1705

Georg I.
König von England
Kurfürst von
Hannover
1660 – 1727

∞

Sophie Dorothea
1666 – 1726

Friedrich Wilhelm I.
König in Preußen
(Soldatenkönig)
1688 – 1740

∞

Sophie Dorothea von
Hannover
Königin in Preußen
1687 – 1757

Friedrich
Ludwig
1707

Friedrich
Wilhelm
1710 – 1711

Wilhelmine
1709 – 1758
∞ Friedrich
von Bayreuth
1711 – 1763

Friedrich II.
(der Große)
König von
Preußen
1712 – 1786
∞ Elisabeth
von
Braunschweig-
Wolfenbüttel

Charlotte
Albertine
1713 – 1714

Friederike Sophie
1732 – 1780
∞ Karl II.
Eugen von
Württemberg
1728 – 1793

Friederike Luise
1714 – 1784
∞ Karl von
Ansbach

Philippine
Charlotte
1716 – 1801
∞ Karl I. von
Braunschweig

Wilhelm
1717 – 1719

Sophie
1719 – 1765
∞ Friedrich
Wilhelm von
Schwedt

Friederike
1750 – 1751

Luise Ulrike
1720 – 1782
∞ Adolf
Friedrich von
Schweden

August Wilhelm
Prinz von
Preußen
1722 – 1758
∞ Luise von
Braunschweig-
Wolfenbüttel

Amalie
1723 – 1787

Heinrich
1726 – 1802

August
Ferdinand
1730 – 1813

Friedrich
Wilhelm II.
König von
Preußen
1744 – 1797

Das Markgräfliche Opernhaus zählt zu den bedeutendsten historischen Theaterbauten des Barock.

Altes Schloss und Hofgarten Eremitage

Schlösser und Gärten der

Das Markgräfliche Opernhaus wurde 1746–50 als Hoftheater für das Bayreuther Markgrafenpaar Friedrich und Wilhelmine (Abb. Medaillons) errichtet. Den Innenraum des ganz aus Holz gefertigten Theaters entwarf der Bologneser Giuseppe Galli Bibiena, der bedeutendste Theaterarchitekt seiner Zeit. Markgräfin Wilhelmine wirkte hier als Bühnenautorin, Komponistin und Schauspielerin und hatte die Leitung der Oper inne. Eine Ton- und Lichtschau vermittelt heute einen sinnlichen Eindruck zur Bau- und Aufführungsgeschichte des Opernhauses.

Das Neue Schloss (Abb. unten) wurde ab 1753 im Auftrag des Markgrafen Friedrich von Brandenburg-Bayreuth als Stadtresidenz erbaut. Auch hier übte Markgräfin Wilhelmine großen Einfluss auf die Gestaltung aus: Sie entwarf unter anderem das Spiegelscherbenkabinett und das Alte Musikzimmer mit Pastellbildnissen von Sängern, Schauspielern und Tänzern. Neben den Schlossräumen kann im Ergeschoss eine Sammlung Bayreuther Fayencen, die die Produktion der Manufaktur von ihren Anfängen bis 1788 umfasst, besichtigt werden.

Felsengarten Sanspareil mit
barockem Parterre

Eine Vielzahl von Exponaten zeigt im
Gartenkunst-Museum Fantaisie die verschiedenen Aspekte der Gartenkunst.

Markgrafen von Bayreuth

Markgraf Georg Wilhelm ließ 1715
das Alte Schloss als Mittelpunkt
einer höfischen Einsiedelei errichten.
Markgräfin Wilhelmine erweiterte diesen Bau zu einem heiteren Sommer-
schlösschen mit prunkvoller Innenausstattung. Neben den Schlossräumen sind
in der Inneren Grotte auch Wasserspiele zu
sehen. In Schloss Fantaisie, 5 km westlich von
Bayreuth, befindet sich das Gartenkunst-Museum Schloss und Park Fantaisie, das erste
Museum dieser Art in Deutschland. Ausge-
hend von zentralen Themen der Gartenkunst
vermittelt es ein abwechslungsreiches und

vielschichtiges Bild der deutschen
Gartengeschichte. Dabei stehen
die süddeutschen Gärten des 18.
und 19. Jahrhunderts im Mittelpunkt.
Park Fantaisie ist in das Museums-
konzept einbezogen.

Informationen:
🏛 Bayerische Schlösserverwaltung
Schloss- und Gartenverwaltung Bayreuth
Ludwigstr. 21 · 95444 Bayreuth
Tel. (09 21) 7 59 69 21 · Fax -15
sgvbayreuth@bsv.bayern.de
www.schloesser.bayern.de